나쁜 마음에 나를 내어주지 마라

나쁜 마음에 나를 내어주지 마라

평정심을 유지하는 마음의 철학
아우렐리우스 명상록

유인창 지음

TA EIS HEAUTON
MARCUS AURELIUS

바다출판사

들어가며

감정이 나빴던 시간이 많았다. 자꾸 나쁜 감정에 나를 내줬다. 제법 나이가 들어도 달라지지 않았다. 쉽게 분노하고 별것 아닌 일에 짜증 내고 지나가는 한마디에 감정이 상하곤 했다. 쓸데없는 부러움, 시기, 질투도 고쳐지지 않았다. 사는 데 서툴고 헤매는 것도 여전했다. 평온하게 살고 싶었지만 현실은 불 위에서 끓어오르는 팥죽 같았다. 무엇보다 시시때때로 몰려오는 삶의 파도를 어떻게 넘어야 하는지 어떻게 맞서야 하는지 갈피를 잡지 못했다. 어느 때는 두들겨 맞은 파도에 또 두들겨 맞으며 아파했다. 삶의 원칙 하나 제대로 세우지 못했고 쪼그라들고 더 왜소해지는 내 모습을 마주 보아야 했다.

그런 즈음에 만난 책이 《명상록Ta eis heauton》이었다. 《명상록》을 쓴 사람은 로마 황제. 1900년 전의 로마 황제인 마르쿠스 아우렐리우스Marcus Aurelius Antonius, 121~180(재위 161~180)였다. 아우렐리우스는 삶에서 얻은 경험과 책에서 얻은 생각을 모아 조금씩 적었다. 짧고 긴 글이 모여《명상록》이라는 한 권의 책이 되었다.

아우렐리우스는 '철인哲人 황제'라는 명칭을 얻었고 로마 5현제 시대의 한 사람으로 역사에 큰 흔적을 남겼다. 그러나 개인의 삶으로는 행복이나 평온과 거리가 멀었다. 권력자보다는 철학자를 꿈꾸었지만 철학자가 아닌 황제가 되어야 했고, 어려서부터 몸이 약해 병에 시달렸지만 평생 전쟁터를 돌아다녀야 했다. 죽음을 맞은 것도 전쟁터였다. 로마 황제였음에도 원하는 모습으로 살지 못한 것은 여느 사람과 다르지 않았다. 그런 고뇌와 자신에 대한 성찰을 모아서 수시로 글을 썼다. 그렇게 완성된《명상록》은 아우렐리우스에게 삶의 기술이 되었다. 어떤 마음으로 어떻게 살아갈 것인지 스스로 일러주는 매뉴얼이었고 개인의 철학이었다. 나에게도 그런 삶의 기술이, 나의 인생 매뉴얼이 있었으면 하는 생각이 들었다. 그런 마음에《명상록》의 토대인 스토아 철학을 기웃거렸다.

알렉산드로스 대왕Alexandros the Great, B.C.356~B.C.323 (재위 B.C.336~B.C.323)에 의해 탄탄했던 도시국가가 무너진 그리스. 생존의 토대를 잃은 사람들은 어떻게 살아가야 할지 알 수 없었다. 삶의 혼란이 깊어지면서 철학은 오히려 꽃을 피웠다. 흔들리는 삶을 굳게 다지기 위해선 철학이 필요했다. 헬레니즘이라는 대혼란의 시대에 철학은 삶을 끌어가는 이정표가 되었다.

여러 분파의 헬레니즘 철학 중에서 스토아 철학은 개인의 평온과 행복을 가장 중요하게 여겼다. 스토아 철학의 아파테이아apatheia는 모든 정념에서 벗어난 상태를 말한다. 나의 밖에서 생겨나는 여러 가지 일에 어떤 감정적 영향도 받지 않는 부동심不動心, 무감정. 그것을 최고의 덕으로 삼았다. 흔들림이 없는 마음의 상태는 일상의 평온을 유지할 수 있게 해준다. 그 평온은 삶의 본질을 꿰뚫는 스토아 철학의 지혜에서 나온 것이다. 사람들은 행복을 꿈꾸지만 행복에 닿는 것은 때때로 너무 멀어 보인다. 나는 닿기 어려운 행복보다 조금은 가까워 보이는 평온을 추구한다. 평온한 삶이 행복한 삶이라는 스토아 철학의 목소리에 공감한다. 평온으로 향하는 첫 번째 걸음은 나쁜 감정에 나를 내어주지 않는 것이다.

내 삶의 철학은 이론이 아니라 생활이어야 했다. 살아가기 위한 기술이어야 했다. 상처를 회복시키는 치유의 약, 가시밭길에서 버티게 해주는 힘, 흔들릴 때는 방향을 잡아주는 이정표여야 했다. 내게 삶의 기술이 필요한 이유는 무너지지 않기 위해서다. 나쁜 감정에 나를 내어주지 않기 위해서다. 일상의 평온을 유지하면서 나의 방식대로 살아갈 수 있기를 바랄 뿐이다.

견뎌내기도 버거운 현실 속에서 평온한 삶이 가능할까 싶지만, 최악의 불행 속에서도 희망을 찾는 게 사람이다. 나를 따뜻하게 안아주는 행복도, 나를 고통에 진저리치게 하는 불행도 모두 나의 삶이다. 내가 할 일은 피할 수 없는 것까지 부딪쳐 살아내는 것이다. 내가 가진 삶의 기술로, 최대치의 고단함 속에서 최소한의 평온을 찾는 것이다. 나쁜 감정에 나를 내어주지 않기로 했다. 나는 평온해질 것이다.

차례

III

감정에 흔들리지 마라

IV

나는 그들과 뭐가 다른가

V
나를 일으켜 세우는 철학

I

어쩔 수 없는 것은
어쩔 수 없다

TA EIS HEAUTON
MARCUS AURELIUS

모두 끌어안고
고통받지 말자

"내가 할 수 있는 일이 있고 할 수 없는 일이 있다."

― 에픽테토스

미국 해군 장교였던 스톡데일James Stock-dale, 1923~2005은 베트남 전쟁 때 포로로 잡혀 수용소에 갇혔다. 당시 수용소에 갇힌 포로 중 최고위급이었던 그는 1965년부터 1973년까지 8년 동안 포로 생활을 했다. 석방된 뒤 장성의 자리에까지 올랐지만 수용소에서 그가 만났던 것은 끝이 보이지 않는 미궁이었다. 포로의 몸으로 그는 아무것도 할 수 없었다. 밥을 먹는 것도, 잠을 자는 것도, 목숨마저도 자신의 마음대로 결정할 수 없었다. 할 수 있는 것은 처한 현실을 인정하는 것이었다. 어쩔 수 없는 현실을 받아들이고 그에 맞게 대응하는 게 할 수 있는 전부였다.

스톡데일은 그런 상황에서 대학교 때 배웠던 스토아 철학을 떠올렸다. 철학 수업에서 처음 접했던 에픽테토스Epiktētos, ?55~?135의《담화록Diatribai》은 그가 마음속에 담아 둔 책이었다. 에픽테토스는《담화록》에서 "내가 할 수 있는 일이 있고 할 수 없는 일이 있다"고 여러 번 강조한다. 에픽테토스의 제자 아리아누스Lucius Flavius Arrianus, 86~160가《담화록》의 중요한 내용만을 골라서 담은《엥케이리디온Encheiridion》의 첫 구절도 이렇게 시작한다. "존재하는 것들 가운데 어떤 것들은 우리에게 달려 있고, 어떤 것들은 우리에게 달려 있지 않다." 스톡데일은 포로 생활을 하면서《엥케이리디온》의 그 말을 가슴에 품었다. 포로이기에 많은 것들을 자기가 통제할 수 없다는 냉엄한 현실을 받아들였다. 어쩔 수 없는 일은 포기했다. 그리고 나머지, 자기가 통제할 수 있는 것에 집중했다. 공포감을 줄이고 고통을 주는 적의 압박에 무너지지 않겠다는 저항심을 다졌다. 수용소에서 나갈 수 있다는 믿음과 잔혹한 현실에 대한 절제력을 키웠다. 많은 것을 어쩔 수 없었기에 어쩔 수 있는 단 하나, 자신의 마음을 다지는 데 모든 걸 쏟아 부었다.

세상의 모든 일은 두 가지로 나눌 수 있다. 간단하다. 통제할 수 있는 것과 통제할 수 없는 것. 둘 중에 더 많이 집중해야 하는 건 당연히 통제할 수 있는 것들이다. 스스로 통제할 수 없는 것들은 어쩔 수 없기 때문이다. 그런데 사람들은 반대로 행동한다. 통제할 수 없는 것에 더 신경 쓰고 에너지를 쏟는다. 스스로의 힘으로 안 되는 일을 놓고 왜 생각대로 되지 않느냐고 온갖 짜증을 내고 스트레스에 시달린다.

사는 게 마음대로 안 된다는 건 부딪치고 넘어지고 깨지면서 배운 진리다. 학식 깊은 철학자의 입에서만 나오는 말이 아니다. 살아 본 사람들은 경험으로 알고 있기에 누구나 하는 말이다. 그러나 정작 현실로 닥쳤을 때, 그 말은 힘을 잃는다. '세상일 마음대로 안 된다'고 고개를 끄덕이면서 '도대체 이게 왜 안 되느냐'고 분노한다. 머릿속 반응과 현실의 반응은 다르다. 세상의 명확한 진실을 알고 있는 것 같지만 머리로만 이해할 뿐이다. 머리로만 알고 있는 말의 의미는 금세 잊어버리기 마련이다.

살아가면서 하게 되는 많은 착각 중의 하나는 자신이 통제할 수 있는 것이 많다고 생각하는 것이다. 주변을 둘러보면 그게 얼마나 큰 착각인지 쉽게 알 수 있다. 한 개인이 통제할 수 있는 건 거의 없다. 직장 동료들 중에서 자신이 통제할 수 있는 사람이 얼마나 있을까. 하나도 없다. 상사도 부하 직원도 자신의 마음대로 할 수 있는 경우는 없다. 일을 시키고, 하게 만들고, 성과를 이끌어 내는 것은 업무적 통제다. 서로에게 주어진 계약 관계의 일을 하는 것이다. 필요에 의해서 고개를 숙이고 복종하는 것이고 그렇게 보이는 것뿐이다. 입속의 혀를

움직이는 것 같은 진정한 통제가 아니라는 말이다. 함께 평생을 살아가는 배우자나 자신이 만들어 낸 자식은 어떨까. 배우자나 자식을 마음대로 할 수 있다고 한다면, 그 사람은 정신적 문제가 있거나 가정의 폭군일 것이다. 친한 친구들과 다툼을 벌이는 것도 자기 마음대로 되지 않기 때문이다. 오랜만의 즐거운 나들이를 갑자기 쏟아지는 비 때문에 망치게 된다고 한들 가느다란 빗줄기 하나 멈추게 하지 못한다. 아끼고 아껴서 모은 돈을 투자한 주식이 급전직하로 떨어질 때는 그저 지켜보는 것밖에 할 수 있는 일이 없다. 몸에 병이 나는 것은 통제할 수 있을까? 흔한 감기는 물론이고 목숨을 위협하는 중질환이 생긴다 해도 통제할 수 있는 건 없다. 살아가면서 내 마음대로 통제할 수 있는 건 그리 많지 않다.

　나들이 길에 비가 온다고 짜증을 내는 것은 초점을 잘못 잡은 것이다. 비가 내리는 건 자연현상이다. 우주가 하는 일을 내가 어찌해 볼 도리가 없다. 외국에서는 기상대 직원들이 야유회 가는 날에 비가 왔다는 유머 같은 일도 있다. 나들이를 망쳐서 짜증나겠지만 비를 욕한다고 해결되는 건 아무것도 없다. 내가 통제할 수 있는 것, 그 상황에서 즐거운 나들이를 어떻게 이어 갈 것인가에 초점을 맞추어야 한다. 직장 상사가 온갖 스트레스를 쏟아 낼 때 일일이 신경 쓰고 대응하는 건 좋은 방법이 아니다. 상사의 기분은 내가 통제할 수 없으니 어쩔 수 없는 것이다. 그 앞에서 노래를 부르고 화를 풀어 줄 수도 없는 노릇이다. 내가 통제할 수 있는 건 어떻게 반응하고 대응할 것인가다. 그런가 보다 생각하고 그러려니 하면서 무신경하게 대응하는 게 차라리 낫다.

중간에 비행기를 갈아타고 목적지까지 가야 하는 여행을 한 적이 있다. 밤 12시에 출발하는 비행기였고 다른 공항에서의 경유 시간은 4시간이었다. 시간이 되었지만 비행기는 출발하지 않았다. 30분 정도가 지나서야 부품이 없어서 가지고 오는 중이라는 안내 방송이 나왔다. 다시 30분이 지났고 슬슬 화가 솟아올랐다. 경유지에서 갈아타야 하는 비행기를 놓칠까 봐 조바심이 일었다. 탑승구로 가서 항공사 직원들에게 소리를 질렀다. 씩씩거리며 짐이 있는 의자로 돌아오니 일행은 한참 자고 있었다. "지금 잠이 와?" "소리 지른다고 비행기가 가는 것도 아니잖아. 내가 비행기를 띄울 것도 아니고. 잠이나 자." 비행기는 두 시간 뒤에 출발했다. 일행은 편안히 잠을 잤고 나는 화에 가득 차 있었다.

중요한 건 어쩔 수 없는 것과 어쩔 수 있는 것을 명확히 가려내는 일이다. 가려낸 다음에는 어쩔 수 없는 것들은 어쩔 수 없다는 판단을 해야 한다. 어쩔 수 없다면 그 부분에서 내가 할 수 있는 건 없다. 할 수 있는 게 없는데 갖은 신경을 쓰고 에너지를 쏟는다면 좋은 선택이 아니다. 할 수 있는 것, 내가 어쩔 수 있는 것들에 집중해야 한다.

　우리는 수많은 것들을 짊어지고 살아간다. 내가 동의하지 않았음에도 세상에 태어난 것이 그렇고 내가 선택하지 않은 부모가 그렇다. 남자로 태어나느냐 여자로 태어나느냐 역시 선택할 수 없다. 신체의 우월을 결정하는 키도 그렇고 미모에 큰 영향을 미친다는 얼굴의 크기마저 그렇다. 목숨을 좌우하는 질병의 유전까지 이미 결정된 상태로 짊어지게 된다.

　삶에는 필연이 있다. 피해 가지 못하는 것들이다. 운명적인 부분이 아닌 하루하루를 살아가는 세상살이에도 내 힘으로 되지 않는 일들은 숱하게 널려 있다. '이건 아니야'라고 아무리 외쳐도 소용없다. 아무것도 바뀌지 않는다. 그걸 우리는 이미 알고 있다. 그럼에도 그 문제에서 벗어나지 못하고 끊임없이 고통 받는다. 어쩔 수 없다는 것을 알면서도 스스로를 고통 속에 몰아넣는다.

　포로 수용소에서 스톡데일은 현실을 똑바로 보고 대응했다. 풀려나지 못할 수도 있다는 믿기 싫은 현실을 인정했다. 에픽테토스가 말한 어쩔 수 없는 것들이었다. 그리고 용기와 믿음을 선택했다. 에픽테토스가 말한 어쩔 수 있는 것들이었다. 그것만큼은 스스로 통제 가능했다. 언젠가는 수용소에서 나갈 것이라는 믿음을 가졌고 그 상황이 인생의 소중한 경험이 될 것이라는 걸 의심하지 않았다. 8년이라는 시간을 견뎠고 그는 풀려나 고국으로 돌아왔다.

삶에는 바꿀 수 없는 것이 있고 바꿀 수 있는 것이 있다. 똑바로 본다면, 어떤 것을 바꿀 수 없고 어떤 것을 바꿀 수 있는지 아는 건 어렵지 않다. 바꿀 수 없는 것들에 대해 괴로워하지 말아야 한다. 덜 괴로워하고 덜 힘들어해야 한다. 절대 바꿀 수 없는, 그 많은 것들을 모두 끌어안고 고통 받지 않으려 해야 한다. 지금의 현실을 받아들이는 게 가장 먼저 할 일이다. 할 수 있는 것이 무엇인지 알고 그것에 집중하는 게 지혜이고 기술이다. 어쩔 수 없는 것은 어쩔 수 없다.

마음이 편한 쪽을
택하자

"당신이 나에게 강요한다면 몸은 당신 밑에 있겠지만
마음은 다른 곳에 가 있을 겁니다."

— 키티온의 제논

스토아 철학을 창시한 키티온의 제논Zēnōn ho Kyprios, B.C.335?~B.
C.263?은 수많은 사람들을 앞에 놓고 강의했지만 사람 많은 곳
을 싫어했다. 어떤 자리에 가서도 가장 끝자리에 앉고는 했는
데 번잡함을 싫어하는 성격 때문이었다. 제논의 뒤를 이었던
클레안테스Cleanthes, B.C.331?~B.C.232?가 쓴 책에 의하면, 제논은
자기 주변에 몰리는 사람들에게 가끔 동전을 거두었다고 한다.
그 이유는 사람들이 동전을 뺏기기 싫어서 가까이 오지 않을
것이라고 생각했기 때문이다.

제논이 스토아 철학을 만들기 전에 배움을 얻었던 사람은
크라테스Krates ho Thebai ca, B.C.365?~B.C.285?였다. 크라테스는 키
니코스학파Cynics라고 불리는 견유학파犬儒學派 철학자다. 견유

학파는 철저한 금욕주의를 주장하는 철학으로 명예, 부, 쾌락을 멀리했다. 사회규범에 얽매이지 않고 말 그대로 개처럼 자연 그대로 살아야 한다고 주장했다. 철학의 규범을 그대로 실천했음은 물론이다. 제논은 신중하고 내성적인, 요샛말로 나대지 못하는 성격이어서 키니코스학파의 가르침을 실천할 수 없었다. 이를 잘 알고 있는 크라테스는 제논의 성격을 고쳐 주려고 일을 꾸몄다. 제논에게 수프를 담은 대접을 들고 사람들이 많은 거리를 지나가도록 시킨 것이다. 그런데 제논은 성격 그대로 대접을 감추려고만 했다. 답답하고 화가 난 크라테스는 지팡이로 대접을 깨뜨려 버렸고 제논은 도망을 쳤다.

키니코스학파가 자신과 맞지 않는다고 절실히 느낀 제논은 결국 다른 가르침을 배우기 위해 떠난다. 그때 크라테스가 옷을 붙잡고 가지 못하게 막았다. 그러자 제논은 말했다. "철학자를 설득하려면 귀를 통해서 해야 하는 것입니다. 당신이 나에게 강요한다면 몸은 당신 밑에 있겠지만 마음은 다른 곳에 가 있을 겁니다." 그렇게 제논은 자신에게 맞는 학파를 찾아다닌다. 제논이 키니코스학파를 떠난 것은 가르침이 자신에게 맞지 않아서였다. 이 학파의 이론을 행할 수 없었던 것은 물론이고 마음이 전혀 따르지 않았다. 제논의 선택은 자신의 성격에 맞는 것, 마음이 편한 것이었다.

밖에서 자주 음식을 사 먹어야 하는 직장인들에게 맛집은 사막 한가운데 있는 오아시스와도 같다. 피곤에 시달리는 몸과 마음에 상쾌함을 선사하는 청량제이고 힘을 주는 자양강장제다. 때로는 상처를 치유해 주는 장소가 되기도 한다. 맛있는 음식은 생활 속에서 발견하는 마술에 가깝다.

맛있는 음식에 대한 관심이 넘치고 의견이 쏟아지는 시대에 맛에 관한 뜬금없는 질문을 하나 던져 보자. 말하자면 이런 질문이다. '어떤 음식이 가장 좋은가.' 너무 막연한 질문이기는 하지만 답변도 막연하게 하면 된다. 자기가 좋아하는 음식이나 정말 맛있게 먹은 음식, 또는 추억이 담긴 음식이 답변으로 나오지 않을까 싶다. 나에게 그 질문에 대한 답을 하라면 망설임 없이 명확하게 말할 수 있다. '마음 편하게 먹는 음식.' 음식에 취향이 없는 편이라 나에게 무얼 먹느냐는 크게 문제가 되지 않는다. 맛의 깊이 같은 것도 별로 고려의 대상이 아니다. 밥 먹는 자리가 얼마나 편한가가 모든 걸 결정한다.

가끔 비싸고 맛있는 음식을, 모르는 사람들과 먹는 일이 있다. 일 때문에 또는 필요에 의해서 생기는 자리들이다. 분명 비싸고 맛있는 음식을 먹는데 좋지가 않다. 마음이 불편하니 맛을 제대로 느낄 수가 없다. 빨리 자리가 끝났으면 하는 생각만 든다. 그런 자리에서는 산해진미도 의미가 없다. 집에서도 다르지 않다. 부부싸움 뒤에 억지로 화해를 한다고 맛있는 음식을 차리는 경우가 그렇다. 최고급 한우를 입에 넣어도 단지 고깃덩어리일 뿐이다. '어떤 음식이 가장 좋은가'라는 질문에서 얻어 낸 답은 '몸 편한 것보다 마음 편한 게 낫다'는 것이다. 함께하기 불편한 사람들과의 진수성찬보다는 동료들과 먹는 구내식당이 낫고 억지로 여럿이 어울려 먹는 것보다는 혼자 먹는 라면이 더 맛있다.

이런 답변의 바탕에는 나라는 개인의 특유한 기질이 자리하고 있다. 소심하고 내성적이다 보니 사람 만나는 게 서툴다. 사람을 만날 때 생기는 낯가림도 있다. 나이가 들면서는 어떤 자리든 편하게 가려고 하지만 타고난 성격이 바뀌지는 않는다. 사회생활을 하려면 불편한 자리도 어느 정도 감수해야 하는데 나이를 먹어도 익숙해지지 않는다. 이런저런 이유를 종합해서 내린 답은 간단했다. '속 편한 게 최고다.'

군대에서 일어난 가혹 행위로 멀쩡한 젊은이가 죽어 나가고 같은 내무반에서 생활하던 장병이 동료들에게 총을 난사하는 일이 있었다. 그 사건을 보고 군대를 갔다 온 사람들은 열이면 열 모두 이렇게 말한다. "내무 생활이 문제야." 사단장으로 복무했던 예비역 장성은 무엇이 문제인지 정확하게 짚어 낸다. "우리 군대는 훈련이 힘든 게 아닙니다. 일과 이후가 힘들어서 문제가 생깁니다." 동료들이 무시하고 열외로 취급하고 왕따를

시키는 것은 마음을 힘들게 한다. 훈련이 힘들 때는 잠시 휴식을 취하면 몸은 곧 회복된다. 마음이 힘들면 잠시의 휴식으로 회복되지 않는다. 몸을 쉬게 해도 마음은 치유되지 않는다. 몸편한 부대와 속 편한 부대가 있다면 어디를 선택하겠냐고? 당연히 속 편한 부대다. 직장 생활도 다르지 않다. 일이 힘든 것도 있지만 흔히들 직장 생활에서 가장 힘든 건 사람 관계라고한다. 사람 관계란 편치 않은 사람과의 관계를 말한다. 몸이 힘든 업무보다 속이 편치 않은 게 더 힘들다.

직장 초년 시절 숙직 제도가 있었을 때다. 낮에 일을 마치고 밤에 또 숙직 근무를 해야 하니 좋을 리가 없다. 몸을 편히 뉘일 곳이라도 있으면 좋겠는데 숙직실은 좁고 지저분했다. 숙면을 취하는 건 어려운 일이었다. 다음 날 일할 생각을 하면 조금이라도 편히 쉬어야 했다. 그래서 숙직 근무자들은 대부분 새벽에 집으로 갔다. 집에 가서 단 두 시간이라도 편히 눈을 붙였다. 숙직 근무자 모두 그런 것은 아니지만 잠시라도 편하게 쉬고 싶은 마음에서였다. 그때 나는 숙직을 하게 되면 충실하게 자리를 지켰다. 잠자기 불편해도 숙직실에서 자고 사무실에서 아침을 맞았다. 성실하거나 책임감이 강해서 그랬던 게 아니다. 그게 속이 편했기 때문이다.

남들처럼 짧더라도 편하게 잠을 자 보겠다고 새벽에 집으로 간 적이 있었다. 그런데 웬걸, 오히려 잠을 잘 수가 없었다.

자리를 비운 사이에 무슨 일이 생기지는 않을까 하는 별의별 걱정에 잠이 오지 않았다. 그 초조함과 불안함이라니. 그때 알았다. 아, 나 같은 사람은 이런 방식이 맞지 않는구나. 그런 다음부터는 그냥 숙직실에서 잤다. 몸은 불편했지만 속이 편했고 그게 더 좋았다.

'생긴 대로 산다'는 말은 특정인을 비하하는 게 아니다. 그 말은 자신에게 맞는 방식으로 살아가는 게 더 좋다는 의미를 담고 있다. 소심하고 내성적이라면 그런 성격에 알맞은 방식으로 살면 된다. 굳이 대범한 척, 활발한 척할 필요는 없다. 일부러 마음 불편함을 떠안고 살 이유도 없다. 소심하고 내성적인 나는 사람 많은 곳보다 한가한 곳이 좋고, 중앙보다는 구석자리가 편하다. 주목을 받는 것보다 살짝 비켜나 있는 게 좋다. 더 나은 대접을 받는 것도, 더 나은 것을 취하는 것도, 더 나은 자리에 가는 것도 그렇게 반갑지 않다. 더 맛있는 것보다, 더 좋은 자리보다, 마음 편한 지점을 택한다. 마음이 힘든 곳보다는 몸이 힘든 곳을 택한다. 이것이 살면서 알게 된 나의 모습이다. 몸 편한 것보다 마음 편한 것을 찾아가는 게 더 낫다.

맞다,
그 모든 게 나다

"질병은 육체에 방해가 되지만
인간의 선택의지에는 방해가 되지 않는다."

— 에픽테토스

스토아 철학자 에픽테토스가 가지고 있는 것 중에 풍요로운
인생을 만드는 데 도움이 되는 것은 별로 없었다. 그는 그 모
든 걸 순순히 받아들였다. 받아들이기보다는 거부하고 싶은 것
들이었다. 기원후 55년경에 태어난 에픽테토스는 노예의 자식
이었다. 그가 태어난 히에라폴리스Hierapolis는 지금의 터키 서
남쪽에 있는 프리기아Phrygia 지방이다. 그의 주인은 에파프로
디투스라는 사람이었는데, 네로 황제의 호위병이라는 설도 있
고 비서라는 설도 있다. 또 다른 스토아 철학자 세네카Lucius
Annaeus Seneca, B.C.4?~A.D.65가 네로의 최측근으로 최고 권력을
누리고 있을 때 에픽테토스는 노예의 자식이라는 신분으로 태
어났다. 에픽테토스에게 또 하나의 불운은 다리가 불편한 절름

발이였다는 것이다. 주인이 그의 다리를 부러뜨렸다는 이야기도 있고 류머티즘으로 다리를 절었다는 이야기도 있다. 노예 계급으로 살아가면서 장애까지 있으니 그가 살아 내야 했던 시간들이 어떠했을지 짐작이 간다.

다행이었던 점은 명석했던 그가 철학을 공부할 수 있게 주인이 허락해 주었다는 것이다. 게다가 나중에는 노예 신분에서도 해방시켜 주었다. 에픽테토스는 해방 노예의 신분으로 공부를 계속해 철학자가 되었다. 에픽테토스에 대해 전해지는 기록이 많지 않아서 그가 어떤 상황에서 살아갔는지 명확히 알기는 어렵다. 분명한 것은 자신의 타고난 불행에 대해 굴복하지 않았다는 것이다. 에픽테토스는 태생적인 악조건에서 더 나은 삶으로 발을 내디뎠다. 자신이 노예 출신이었기에 자유와 노예를 주제로 삼고 자신의 철학을 정립했다. 로마에서 노예로 살아가야 했던 그는 처해 있는 자리를 디딤돌 삼아 철학적 토대를 마련했다. 도망갈 수도 없고 벗어던질 수도 없는 신분적 제약을 평생의 화두로 삼았다. 장애가 있었던 다리 역시 철학을 논의하는 도구가 됐다. 그는 스토아 철학을 이야기하면서 선택의지를 강조했는데 자신의 처지를 피해 가지 않고 정면으로 바라봤다.

"질병은 육체에 방해가 되지만 인간의 선택의지에는 방해가 되지 않는다."

에픽테토스는 자신의 다리를 예로 들어 말하고 있다. 그는 스토아 철학자답게 불행도 자신의 것으로 그대로 끌어안았다. 노예 출신에 장애인이면서 신을 찬미하고 노래를 불렀다. 이름조차 '곁다리로 얻은', '획득한'이라는 뜻이었던 그는 후기 스토아 철학의 큰 산이 되었다.

받아들인다는 건 어려운 일이다. 말은 짧고 간단하지만 깊고도 넓은 의미를 지니고 있어서 담긴 뜻대로 행하기는 어렵다. 힐링이 트렌드처럼 번지면서 받아들인다는 말이 유행어처럼 퍼졌다. 여기저기서 '받아들여야지'라는 말이 선문답처럼 튀어나오기도 한다. 받아들인다는 말이 지혜의 원천처럼 세상에 퍼져 있지만 실제로 제대로 받아들이고 있는지는 의문이다.

우리는 의외로 작은 고통이나 아픔조차 쉽게 받아들이지 못한다. 자신이 처한 사소한 문제들에 괴로워한다. 어떤 괴로움이 가장 클까? 자신이 지금 발 딛고 있는 상황 그 자체가 가장 힘들다. 그러나 그것보다 더 힘든 게 있다. 스토아 철학에 의하면 그것은 바로 당사자의 생각이다. 왜 이런 일이 나에게 일어나는가 하는 생각이 사람을 더 힘들게 한다. 괴로움의 이유를 뒤적여 보면 마음의 바닥에 자신도 모르는 생각이 숨어 있다. 지금의 힘든 상황이 내 것이 아니었으면 하는 바람이 그것이다. 그런 까닭에 받아들여야지 하는 말은 입에서 맴도는 주문으로 끝날 때가 많다. 입은 받아들인다는 말을 되뇌면서 온몸으로 거부하는 형상이다. 받아들인다는 말은 홀로 허공을 떠돌아다닌다. 어렵고 또 어려운 게 받아들인다는 말이다.

함께 책읽기를 하고 있는 사람 중에 시각장애가 있는 사람이 있다. 저시력이라서 버스가 눈앞에 와야만 노선 번호가 간신히 보이고, 책을 읽을 때는 눈앞에 책을 가져다 대야 한다. 그는 글을 정갈하게 쓰고 활동도 활발하다. 논제를 토론할 때도 거침없다. 학교에서는 아이들 독서 교실을 맡아서 이끌어가고 일반 학생들을 상대로 강의도 한다. 장애가 없는 사람들로서 가장 궁금한 건 불편함의 정도다. 얼마나 불편할까. 잘 보이지 않는다는 것, 누구나 뻔히 볼 수 있는 것들이 보이지 않는다는 게 얼마나 생활에 지장을 줄까. 그걸 어떻게 극복하는 걸까. 장애가 없는 사람과 다르지 않은 일상을 꾸리기 위해 몇 배는 더 힘겨울 거라는 생각이 앞선다. 그러나 함께 모임을 하다 보면 그런 생각이 전혀 들지 않을 때도 있다. 오히려 저 사람이 진짜 장애인일까 하는 의심 아닌 의심까지 든다. 그만큼 활동적이다. 때때로 멀쩡한 몸을 가지고 있는 사람들이 당황스러울 만큼 적극적이다.

모임을 진행하던 중에 장애인이 겪어야 할 그 많은 불편함에 대해 물어본 적이 있다. 처해 있는 상황들이 얼마나 힘들겠냐고, 때로는 산다는 것 자체가 힘들지 않냐고 물었을 때 그는 이렇게 말했다. "그게 나인걸요. 맞아요. 그 모든 게 나예요." 그 짧은 말에 무수하게 많은 것들이 녹아 있음을 느낄 수 있었다. 다른 사람들이 상상하는 모든 것들이 그 말에 담겨 있었다. 거기에는 긴 이야기로 풀어내는 것보다 더 강렬한 울림이 있었다. 모든 것을, 자신이 가지고 있는 것을 모두 받아들이고 있다고 우리는 생각했다.

그러나 얼마의 시간이 지난 뒤에 그는 자신의 말을 수정하고 싶다고 했다. 여전히 그 문제가 아프다고, 아픔은 일상을 지배한다고, 받아들이려 하지만 잘 되지 않는다고 했다. 깊은 아픔을 끌어안는 것은 말처럼 쉽고 간단한 일이 아니었다. 그가 받아들인 것처럼 느낀 것은 현상이 아니라 의지였다. 그 의지는 그가 나름의 방식으로 살아가고 있다는 몸짓으로 보였다. 삶을 바탕으로 만들어 가는 그의 철학은 아프지만 단단하고 강했다.

누구나 행운을 손에 넣고 싶어 한다. 불운을 자신의 것으로 삼고 싶어 하는 사람은 없다. 그러나 불운을 겪지 않는 사람은 없다. 누군가 불운을 만나지 않고 살아간다면 그가 만난 행운 중에 불운의 역할을 하는 것들이 있다. 정도의 차이가 있기는 하지만 불운은 피해 갈 수 있는 게 아니다. 피해 가고 싶다고 피해지지도 않는다. 끝나지 않을 것 같은 즐거움을 안고 어느 골목길로 접어들었을 때 갑자기 불운이 앞을 가로막는 게 삶이다. 절대 다른 길을 열어 주지 않을 때도 있다. 반가울 리야 없지만 즐거움과 기쁨이 나의 것이었다면 그런 불운 역시 나의 것이다. 인생은 가끔 러시안 룰렛과 비슷할 때가 있다. 언제 어떤 일이 생길지 모른다. 뜻하지 않은 불운이 튀어나온다.

세네카는 누군가에게 일어날 수 있는 일은 나에게도 일어날 수 있음을 알아야 한다고 경고한다. 설마 저런 일이 나에게 생길까 하는 것이 아니라 나에게도 얼마든지 일어날 수 있음을 인정하라고 권한다. 공격당하기 전에 마음의 무장을 하고 당황하지 말라고 누누이 강조하던 세네카는 죽음도 그렇게 맞았다.

세네카는 네로가 열두 살 때인 49년에 가정교사로 들어가 교육을 맡았다. 54년에 네로가 황제 자리에 오르고 세네카는 최측근으로 통치에 참여한다. 그러나 갈수록 네로의 폭정이 심해지면서 세네카는 공직에서 물러나고 싶다고 청하게 된다. 그는 62년 공직에서 은퇴하고 로마 교외 지역에 기거했다. 그리고 65년, 모함을 받는다. 황제를 암살하려는 피소의 음모에 가담했다는 내용이었다. 네로의 메시지가 도달했다. 자살하라는 명령이었다.

동료들이 눈물 흘리며 분노를 터뜨렸지만 세네카는 그들을 달랬다. 자기의 어머니를 죽인 네로가 가정교사를 죽이는 건 당연한 일 아니냐고 말했다. 닥친 불행에 맞서겠다는 철학은 어디로 갔느냐고 꾸짖기까지 했다. 로마의 전통에 따라서 혈관을 끊었지만 피가 잘 나오지 않았다. 하인에게 독약을 가져오게 해 마셨지만 그것도 실패였다. 결국 세네카는 증기탕 속에 들어가 질식사로 생을 마감했다. 자살하라는 네로의 명령을 세네카는 담담하게 받아들였다. 자신에게 찾아온 불운을 그대로 끌어안았다. 스토아 철학자다운 모습이었다.

행운을 받아들이는 것은 쉽지만 불운은 누구도 원치 않는다. 그러나 어쩔 수 없는 상황은 누구에게나 닥친다. 받아들일 것인가 거부할 것인가는 개인에게 달린 문제다. 분명한 것은 피하려 해도 피해지지 않는 상황들이 있고 그런 순간들로 엮인 게 삶이라는 것이다. 기쁨이 나의 것이라면 슬픔도 나의 것이고, 행복이 나의 것이라면 불행도 나의 것이다. 쾌락이 나의 것이라면 고통 역시 나의 것이다. 모든 것은 나의 것이고 그 모든 게 나다. 에픽테토스처럼 타고난 불행도 받아들이는 삶, 그것은 또 다른 삶의 시선을 열어 준다.

지나간 일은
모두 좋은 일

"난파를 당하다니 정말로 운이 좋았지."

— 키티온의 제논

제논은 철학자가 되기 전에 장사를 하던 사람이었다. 키프로스 섬의 남쪽 연안 키티온 출신인 그는 아버지와 함께 그리스 등을 상대로 무역을 했다. 제논은 어느 날 염료를 배에 싣고 아테네로 향했다. 아테네 외항으로 들어오던 중에 불운하게도 제논의 배는 난파를 당한다. 배는 부서지고 염료는 바닷속에 가라앉았다. 어렵게 목숨을 구하기는 했지만 당장 할 일이 없었다. 떡 본 김에 제사 지낸다고, 제논이 아테네로 들어가 찾아간 곳은 책방. 그곳에서 평소에 관심이 많았던 철학책을 골라 읽었다. 한참 책을 읽던 그는 철학에 더욱 매력을 느끼고 철학을 공부해야겠다고 결심을 굳힌다. 책방 주인에게 물었던 질문이 그의 미래를 바꿔 놓았다. "철학을 배울 만한 사람이 있을까요?"

주인은 마침 주변을 지나가던 철학자 크라테스를 보고는 제논에게 그를 따라가라고 했다. 스토아 철학을 만든 제논은 그렇게 생각지도 않은 일로 철학을 배우게 되었다.

"난파를 당하다니 정말로 운이 좋았지."

제논은 철학자가 된 뒤에 아테네에서 난파를 당한 게 자신의 인생에서 가장 좋은 일이었다고 말하곤 했다. 목숨을 잃을 수도 있었고 장사를 하던 마당에 막대한 피해를 입었을 테니 결코 좋은 일이라고 할 수는 없었다. 난파를 당했을 때의 무게 중심은 안 좋은 일이라는 쪽으로 크게 기울었을 게 분명하다. 그러나 꽤 오랜 시간이 지나고 무게 중심은 완전히 반대쪽으로 자리를 바꿨다. 제논에게 그 일은 인생에서 가장 좋은 일이 되었다.

제논이 난파된 배와 잃어버린 물건들에 매달렸다면 스토아 철학을 만든 철학자 제논은 없었을 것이다. 지나간 일에 매달린다고 부서진 배가 온전하게 모습을 되찾을 리 없고, 미련을 갖는다고 바다에 쓸려 간 염료가 다시 돈 되는 물건이 될 리도 없다. 그는 지나간 일에서 고개를 돌리고 지금 할 수 있는 일, 철학책을 읽으러 책방으로 갔다. 그에게 중요한 건 과거가 아니었다.

오랫동안 책을 내고 싶어 했던 후배가 소원을 이뤘다. 바쁜 직장 생활에 매일 허덕거리는 것 같더니 짬짬이 글을 계속 썼다고 한다. 그렇게 만든 원고를 출판사 이곳저곳에 보내고 의사 타진을 하면서 많은 시간을 또 보내야 했다. 마음고생을 꽤 하더니 결국 멋진 책을 한 권 내게 되었다. 출판 축하도 하고 저녁이라도 함께하자고 모인 자리에서 후배는 갑자기 걱정스러운 표정을 지었다. 그러고는 원하던 책을 내기는 했지만 마음에 걸리는 부분이 있다고 했다. 말을 더 들어 보니 처음에는 규모가 크고 지명도도 있는 출판사와 책을 내기로 했었다는 것이다. 그런데 그 출판사는 갑자기 내부적으로 바쁜 일이 생겼고 이미 출판하기로 일정이 잡힌 책들이 밀려 있었다. 책을 내려면 일 년 가까이 기다려야 할 판이었다. 그때 다른 곳에서도 계약을 하자고 연락이 왔다. 알차기는 하지만 규모가 작은 출판사였다. 대신에 저자가 원하면 바로 책을 낼 수 있는 상황이었다. 양쪽 사이에서 고민하던 후배는 결국 책을 빨리 낼 수 있는 작은 출판사로 결정했다.

그런 과정을 거쳐 책을 냈다며 후배는 꽤 찜찜해했다. 혹시 큰 출판사에서 책을 냈다면 홍보나 마케팅 측면에서 훨씬 유리하지 않았겠느냐는 생각이 떠나지 않았다. 쓸데없이 책을 빨리 내는 데만 욕심을 낸 것 아닐까, 잘못된 결정으로 더 많이 팔 수 있는 기회를 놓친 것 아닐까 하는 아쉬움과 후회 비슷한 생각에 사로잡혔다. "형, 내가 잘못한 거 아닐까?" 얼굴을 보니 진짜 걱정이 가득한 듯했다. "당연히 잘한 일이지. 잘된 일이야." 한마디로 잘라서 말해 주었다. "큰 출판사는 내는 책이 많잖아. 더구나 지명도도 높은 출판사에서 초보 무명 저자 책까지 홍보를 하려고 하겠어? 그리고 거기서 계속 추진했으면 일 년이 지나도 책 나온다는 보장 없을걸? 작은 출판사는 저자 하나하나까지 신경을 쓸 수 있지. 홍보나 마케팅도 작은 출판사가 더 유리하다니까." 그 말을 들은 후배는 그런 것 같다는 표정을 짓더니 얼굴이 조금 부드러워졌다. "듣고 보니 그러네."

사실 나는 내가 말한 내용에 대해 아무것도 모른다. 출판사가 어떻게 홍보와 마케팅을 하는지, 어떤 저자에 대해 어떻게 신경을 쓰는지 아는 게 없다. 큰 출판사와 작은 출판사가 어떻게 다른지도 모른다. 아는 것은 이것뿐이다. 결정은 끝났고 책은 나왔고 되돌아보며 아쉬워하거나 고개를 갸웃거려도 소용없다는 것. 처음 협의를 했던 큰 출판사에서 책을 냈다면 훨씬 많이 팔렸을 수도 있다. 그런들 어떡할 것인가. 이미 책은 나왔고 지금 할 수 있는 일은 아무것도 없는걸. 어쩔 수 없는 일에 매달리는 건 사람의 특성이다. 하지만 세상 살아온 날들을 켜켜이 쌓아 놓은 나이라면, 지나간 일에 매달리지 않는 기술을 습득해야 한다. 후배가 지금 할 일은 그렇게 바라던 책의 출판을 마음껏 즐기는 것이다. 조금이라도 더 팔릴 방법이 있다면 그것을 찾는 것이다. 지나간 일에 매달리는 건 언제든 어떤 일이든 선택의 대상으로 삼지 말아야 한다.

누가 지나간 일에 대해 고민하면 그런 식으로 말해 주곤한다. 그건 다 좋은 일이었다고. 잘한 일이었다고. 최소한 아주나쁜 일은 아니었다고. 지나간 그 일 때문에 여전히 힘들다고하면 이렇게 말해 준다. 아직은 모르는 일이라고. 시간이 더 지나고, 몇 년쯤 지난 뒤에는 지금 힘들어하는 일 때문에 좋아질수도 있다고.

살아가며 만나는 일들은 무조건 좋기만 한 일도 없고, 무조건 나쁘기만 한 일도 없다. 당시에는 한쪽의 무게가 너무 무거워서 중심이 반대쪽으로 쏠리곤 한다. 무게 중심이 절대 바뀌지 않을 것 같지만 시간이 지나면 뒤집히는 일이 흔하다. 지나간 일은 모두 좋은 일이다. 그렇지 않은들 어찌할 수 있는 것도 아니다. 지금 해야 할 일은 지나간 일에 매달리지 않고 괴로워하지 않는 것이다. 모두 좋은 일이라고 생각하면 된다. 좋은일이니 매달릴 이유도 없다. 매달려 본들 달라지지도 않는다. 과거는 과거로 흘려보내면 된다.

"과거는 운명도 힘을 잃은 상태고 어느 누구의 뜻에도 종속될 수 없다"고 세네카는 말했다. 그는 과거라는 시간의 진실을 정확히 보여 준다. 인생은 과거, 현재, 미래로 나뉘는데 현재는 짧고 미래는 불확실하지만 과거는 확실하다고 정곡을 찌른다. 운명의 지배에서 벗어나 있는 과거, 방해할 수도 빼앗길 수도 없는 게 과거라는 그의 말을 귀담아 들어야 한다. 아무것도 할 수 없는 과거에 집착하고 매달리는 건 한 톨의 의미도 없는 짓이다.

후배는 두 번째 책을 준비하고 있다. 원고를 거의 완성했고 다시 출판사들과 접촉하는 중이다. 책을 내게 되어 그렇게 좋아했지만 첫 책은 생각만큼 팔리지 않았다. 안 팔렸으면 안 팔린 걸로 끝이다. 매달리지 않았다. 큰 출판사에 대한, 홍보나 마케팅에 대한 아쉬움은 접었다. 책이 나왔으니 그걸로 좋은 일이다. 지금 할 일은 팔리지 않은 책에 매달리는 게 아니라 두 번째 책의 원고를 쓰는 것이다. 지나간 일은 모두 좋은 일이다.

지금 여기도
충분히 훌륭하다

"그대가 갖지 못한 것을 동경하지 말라."

— 마르쿠스 아우렐리우스

어떤 일이 있을 때 나쁜 일이라고 판단하는 건 누구일까? 자기 자신이다. 나쁘지는 않은 일이라고, 또는 좋은 일이라고 판단하는 건 누구일까? 그것도 자기 자신이다. 나쁜 일로 보느냐, 좋은 일로 보느냐에 따라 마음에 끼치는 파장에는 엄청난 차이가 생긴다. 관점의 방향이 정해지면 이후의 모든 것이 달라진다. 문제는 생겨난 일 자체에 있지 않다. 그 일을 보는 사람의 시각에 달려 있다. 어떻게 보느냐에 따라 모든 것이 다르게 보인다.

스토아 철학에서 덕은 좋은 것이고 악은 나쁜 것이다. 덕은 행복을 가져오고 악은 불행을 가져온다. 사고, 질병, 부富, 명예, 빈곤, 죽음 등은 좋은 것도 아니고 나쁜 것도 아니다. 그 자체로 좋고 나쁨이 없다. 덕도 아니고 악도 아니며 살면서 만나는 여러 가지 일 중의 하나일 뿐이다. 좋고 나쁨이라는 판단은 당사자가 어떻게 받아들이느냐에 따라서 달라진다. 스토아 철학은 내가 악으로 여기지 않으면 나에게 피해를 주는 것은 없다고 강조한다. 스스로 악으로 여기면 나쁜 일이 되고 그렇지 않으면 나쁜 일도 좋은 일도 아닌 것이다. 사람들은 나를 둘러싸고 있는 것들을 바꾸어 만족을 얻고 싶어 한다. 확률로 계산하면 실현 불가능한 일이다. 바꿀 수 없기 때문이다. 대신에 자신의 욕망을 바꾸는 것은 어렵지 않다. 욕망을 다스려 기쁨을 찾는 것이 훨씬 수월하다.《명상록》의 구절처럼 외적인 환경의 영향을 받는 사람들은 항상 불평거리를 발견한다. 평안이 되느냐 고통이 되느냐는 내가 어떻게 생각하느냐에 따라 달라진다.

점심을 먹으며 사람들과 이런저런 이야기를 나눈다. 한참 배고플 시간에 밥을 앞에 두고 소소한 이야기가 오고 가는 중이다. 젊음은 한참 전에 지나갔고 노년이라는 시기는 아직 멀찍이 떨어져 있는 그런 나이들이다. "예전의 어느 때여도 좋고, 어느 공간이어도 좋고, 다시 돌아가서 살 수 있다면 언제 어디를 택하고 싶어?" 흔히 나올 수 있는 농담 같은 질문이 나왔고 대답은 제각각 달랐다.

한 사람은 태어나기 전의 시점으로 돌아갔다. 태어나기 전으로 가서 부자의 아들로 태어나고 싶다고 했다. 재벌은 싫고 부자 정도가 좋겠다고 한다. 재벌은 사람들 눈에 띄고 입에 오르내려서 싫다, 남들의 시선을 받지 않는 부자의 아들로 태어나서 풍족한 돈으로 풍요로운 생활을 하고 싶다, 기름진 음식에 마음껏 호의호식을 누리고 싶다, 요지는 그런 것이었다. 또한 사람은 이십 대 초반으로 돌아가고 싶다고 했다. 그때가 얼마나 중요한지 그 시기에는 몰랐다, 그때로 돌아가서 정말 열심히 공부해서 지금보다는 더 나은 삶을 살고 싶다, 지금의 이런 삶이 마음에 들지 않으니 젊을 때 승부수를 두어서 지금보다 훨씬 더 잘 살고 싶다는 말이었다. 또 다른 사람도 이십 대로 돌아가고 싶다고 했다. 방식은 조금 달라서, 지금의 기억을 그대로 지닌 채 이십 대로 가고 싶다고 했다. 그렇게 되면 앞으로 무슨 일이 일어날지 모두 알고 있으니 돈을 많이 벌 수 있고 남보다 앞서 나갈 수 있을 거라는 계산이었다. 원하는 시기는 모두 달랐지만 결론은 거의 같았다. 지금 이 순간, 지금 자신이 존재하고 있는 이 현실에 대한 불만이다. 돈, 사회적 지위, 생활수준이 마음에 들지 않으니 더 많은 돈, 더 높은 자리, 더 풍요로운 생활을 누리고 싶다는 것이었다.

그들이 지금 이 자리에서 보는 상상 속의 부자는 돈이 풍족하니 아무런 걱정도 없는 사람이다. 이십 대를 살고 있는 청년은 앞으로의 인생을 원하는 대로 만들어 갈 수 있는 사람이다. 다가올 앞날에 어떤 일이 생길지를 알고 있는 사람은 마음껏 부를 취할 수 있는 사람이다. 지금 처해 있는 자리에서 상상해 보는 그들은 편안하게 살고 있고 미래가 풍요로울 사람들이다. 나도 그렇게 살고 싶다는 욕망이 만들어 낸 표상들이다. 그러나 진짜 그렇게 사는 사람들이 있을까. 아니다. 욕심에 지나지 않는다. 환상에 지나지 않는다. 그곳 그 자리는 지금 이 자리보다 훨씬 좋은 환경이라고 생각하겠지만 그렇지 않다. 어느 누구도 원하는 것을 모두 이루는 사람은 없다. 완벽한 조건의 인생은 존재하지 않는다.

공원 잔디밭에 잠시 앉으려고 하면 생각보다 마땅치가 않다. 보기에는 새파랗고 좋지만 막상 앉아 보면 잔디 곳곳이 비어 있어서 바지에 흙이 묻을 걸 각오해야 한다. 앉아 있는 자리가 마음에 안 들어서 다른 곳을 둘러보면 저만치 떨어져 있는 곳이 더 좋아 보인다. 여기보다는 잔디가 훨씬 깨끗하고 흙이나 돌도 없을 것 같다. 그러나 막상 그쪽으로 가 보면 어떤가. 먼저 앉아 있던 곳과 별반 다르지 않다. 자리를 옮긴 곳에서 아까 앉아 있던 자리를 보면 오히려 더 좋아 보인다. 조금 전에 피해서 온 곳인데도 이쪽에서 보면 그럴듯해 보인다. 삶도 그러한 것 아닐까. 다른 삶이 더 그럴듯하고 더 안락해 보이지만 반대로 그쪽에서는 내 삶이 그렇게 보일지도 모를 일이다.

지금 내가 살고 있는 이 지점도 다른 곳 못지않게 훌륭하다고 여겨 보면 어떨까. 살면서 불만이 없을 수 없고 욕심을 안 부릴 수도 없다. 무소유의 실천은 책 속에서나 가능하지 현실에서는 힘을 잃는다. 그렇지만 불만과 욕심이 생겨난다고 지금의 삶이 나쁘다는 판단의 근거가 될 수는 없다. 어느 자리, 어느 곳에 가도 불만과 욕심은 생기기 마련이다. 불만을 다시 돌아보고 실현 가능성조차 없는 욕심을 내던지면 지금 이곳도 충분히 훌륭하다. 다른 삶을 부러워하며 이곳저곳 기웃거리는 시간과 노력을 내 삶을 다듬는 데 쓰는 게 낫다. 지금 이곳도 훌륭하다고 여기는 것은 좋은 삶의 기술이다. 생활을 윤택하게 만들어 주지는 못하지만 삶을 윤택하게 만들어 준다.

억지로 살아가는 듯한 우리들의 인생에는 기쁨과 희열이 없는 것처럼 보이지만 마르쿠스 아우렐리우스의 말은 다르다.

"그대가 갖지 못한 것을 동경하지 말라. 대신 그대가 갖고 있는 가장 훌륭하고 좋은 것에 관심을 기울이고, 그런 것들이 그대에게 없었다면 얼마나 아쉬웠을지 상상해 보라."

나이 들어가는 것의 미덕 중 하나는 현실을 냉철하게 보는 눈을 갖게 되는 것이다. 그동안 보이지 않던 것들이 보인다.

어떤 것이 가능하고 어떤 것이 불가능한지 구분하는 지혜가 생긴다. 그런 냉철함을 다르게 표현하면 욕망이나 꿈의 일부를 포기한다는 말과 같은 뜻이 되기도 한다. 뜨겁게 춤추던 욕망과 불처럼 타오르던 꿈을 슬그머니 제 발로 누르는 건 그리 즐거운 일이 아니다. 그러나 스스로를 억누를 줄 알게 되었다는 건 그만큼 성숙했다는 증거이기도 하다. 욕망이 조금씩 스러지면 사는 건 조금씩 편안해지고 단단해진다. 내가 갖고 있지 못한 것에 대한 부러움이 별것 아님을 알게 된다. 보잘것없어도 갖고 있는 것들이 주는 기쁨과 가치에 눈을 뜬다.

지금 이래서 또는 저래서 살기 힘들다고 하는 사람들은 언제 어느 자리에 놓이더라도 같은 소리를 한다. 지금의 상황이 불만족을 주는 것보다 그 상황을 불만족스럽게 보는 마음이 훨씬 크기에 그렇다. 아우렐리우스처럼 대제국 로마의 황제가 되었다면 불만이 없을까? 어떤 자리든 그 자리만의 고달픔이 있다. 그래서 아우렐리우스는 지금 이곳에서도 훌륭한 삶을 살 수 있다고 말한다. 어디에 있든 올바르게 살 수 있다고 다독인다. 시대의 지성으로 번득이는 경구를 수없이 전해 준 세네카의 말도 같다.

"우리에게 고통을 주는 것은 장소의 못마땅함이 아니라 우리 자신의 결점임을 알아야 한다."

"자네는 인생의 어떤 상황에서도 즐거움과 휴식과 쾌락을 발견하게 될 것이네. 자네가 불쾌한 일을 대수롭지 않게 여기고 그로 인해 괴로워하려고만 하지 않는다면 말일세."

내 삶이 거지 같아 보여도 누군가의 눈에는 부러운 대상일 수도 있다. 남들은 입을 모아 당신 같으면 무슨 걱정이 있겠느냐는 소리를 할지도 모른다. 속 모르는 소리 하지 말라고 손을 내저을 필요 없다. 대신에 남의 자리로 가서 나의 자리를 가만히 지켜보라. 내가 있는 자리가 그렇게 불만족스럽고 좋지 않은 것들로 가득 차 있는지를. 그렇지 않을 것이다. 남의 눈으로 나를 보는 기술은 내가 나에 대해 보지 못하는 것들을 보게 해 준다.

돌아갈 수 있다면 예전의 어느 때, 어느 공간으로 돌아가고 싶으냐는 질문에 대한 나의 답은 대학 시절이었다. 이유는 한 가지. 한없이 자유롭게 살았던 그 기억이 좋아서였다. 제대로 즐긴 것은 없지만 그래도 가장 자유로웠다. 몸도 자유로웠고 마음 역시 그랬다. 그 자유가 그리워서 다시 돌아가고 싶다.

그 시절의 자유가 미치게 그립다는 건 지금 지니고 있는 자유의 크기가 불만스러워서다. 누릴 수 있는 자유가 적어서 불만스러운 지금, 할 수 있는 건 뭘까? 현재의 상황에서 가능한 자유를 찾아내고 누리는 것이다. 크고 작음을 따지기보다 아주 작은 자유라도 손에 넣는 것이다. 현실의 부자유가 불만스러워 툴툴거린다고 더 큰 자유가 주어지지 않는다. 솜털만 한 것이라도 즐겨야 한다. 하나씩 찾아보면 지금 이곳의 삶도 생각처럼 그리 나쁘지는 않다.

아프다는 건
살아 있는 증거

"왜 이런 일들이 나에게 일어나는가, 라며
불평하지 말라."

— 마르쿠스 아우렐리우스

스토아 철학이 시작된 헬레니즘 시대는 혼란의 시기였다. 헬레니즘은 독일의 역사학자 드로이젠Johann Gustav Droysen, 1808~1884이 《헬레니즘사》를 쓰면서 처음 사용한 용어다. 헬레니즘 시대는 통상적으로 기원전 334년 알렉산드로스 대왕의 동방 원정에서부터 로마가 이집트를 병합한 기원전 30년까지의 기간을 이른다. 도시국가였던 그리스는 알렉산드로스 대왕에게 정복당하면서 독립적인 정치권을 상실한다. 강력했던 도시국가의 지배가 무너진다는 것은 그리스가 그때까지 경험하지 못했던 새로운 세계로 진입한다는 것을 의미했다.

국가의 통치권이 사라지면서 시민들은 생활의 뿌리가 흔들리게 됐다. 그들이 의지하고 그들을 지탱하던 국가라는 공동

체가 없어졌으니 혼란도 그런 혼란이 없었을 것이다. 생존이 목표가 되었고 극도의 혼란 속에서 살아갈 방향을 찾아야 했다. 그런 상황은 시민들로 하여금 개인주의적 성향이 강해지는 시대적 추세를 만들었다. 국가가 아무것도 해 주지 못하는 상황에서 사회의 안녕보다는 개인의 안녕과 행복을 추구해야 했다. 스토아 철학을 비롯한 개인주의적 철학들이 번성한 시대적 배경이다. 사람들은 자신의 내면을 돌아보고 욕망의 크기를 줄였다. 역사상 처음 겪는 혼란의 시대를 살아 내기 위해 개인들이 선택한 방법이었다. 지금의 시점에서 보면 그때가 인류의 시작이었지만 당시를 살던 사람들에게는 세기말과 같았을 것이다. 세상이 망하기라도 할 것 같고 혼란과 불안에 빠지는 삶, 그게 곧 세기말이다.

헬레니즘 시대가 혼란의 시기였다면 다른 시대는 어땠을까? 헬레니즘 시대에서 눈을 떼어 다른 시공간으로 옮겨 보자. 어느 시대 어느 곳이어도 상관없다. 시간을 따라가며 기록된 세계사 연표를 앞에 놓고 눈을 감는다. 아무 곳이나 손가락으로 짚어 보자. 봉건 영주가 땅을 독점하고, 십자군 원정대가 종교의 이름으로 전쟁을 일으켰던 중세시대에는 사람들이 살기 편했을까? 시민들이 총을 들고 자유와 평등을 외쳤던 프랑스혁명 때 그들은 크디큰 희망을 품었을까? 죽음의 위협이 따라

다녔던 세계대전 때는 어땠을까? 사람이 살았던 그 어느 때도 살기에 편했던 시대는 없다. 헬레니즘 시대가 혼돈과 혼란의 시기라고 하지만 어느 시대인들 그만한 혼란을 겪지 않은 때는 없다. 단지 정도의 차이만 있을 뿐이다.

개인은 어느 시대를 살든지 세기말적 현상을 겪으며 산다. 역사는 항상 혼돈의 한가운데를 걸었고 개인은 그 속에서 버텨야 했다. 《로마 제국 쇠망사》를 쓴 역사가 에드워드 기번Edward Gibbon, 1737~1794은 로마 오현제 시대(로마의 다섯 황제, 즉 네르바, 트라야누스, 하드리아누스, 안토니누스 피우스, 마르쿠스 아우렐리우스가 다스렸던 시대를 말한다. 그때 로마는 평화와 번영을 누렸다)를 인류가 가장 행복했던 시기라고 표현했다. 안토니누스 피우스Antonius Pius, 86~161 (재위 138~161) 황제가 재위했던 시기는 "너무 평화로워서 기록할 것이 없다"고까지 했다. 그렇게 평화로운 시대에 살았던 사람은 걱정 하나 없이 행복 속에서 살다 죽었을까? 정작 오현제 시대의 황제였던 마르쿠스 아우렐리우스는 숱한 번민과 힘겨움 속에 살았고 전쟁터에서 생을 마감했다. 시대의 평화가 개인의 평화를 의미하지는 않는다. 시간은 시간대로 흘러가고 개인의 삶은 그와 별개로 흘러간다.

어느 시대를 살던지 미약한 힘으로 살아가는 개인들은 엄혹한 시간을 만난다. 물론 전쟁이 벌어지던 시대와 평화가 유지되던 시대의 삶이 같다고 할 수는 없다. 전쟁의 시대보다는 평화의 시대가 개인들이 살아가는 데 힘이 덜 들기는 할 것이다. 그렇게 본다면 우리가 살고 있는 지금 이 시대는 역사상 어느 때보다 훨씬 평화롭고 안락하다. 그런데 정작 그 시대를 살고 있는 우리는 혼란 속에서 허우적댄다. 이렇게 살기 힘든 때가 있었냐고 한숨을 쉬고 분통을 터뜨리고 불안 속에서 살아간다.

살아가는 일이 힘들 때 사람들은 짜증 내고 타박을 한다. 당장 주변을 둘러보면 단 한 가지도 만만한 게 없다. 평온하고 안락한 생활을 원하지만 현실에서는 꿈같은 일이다. 단 하루도 쉽게 넘어가는 날이 드물 때 사는 건 고통스럽고 일상은 실의에 빠져 버린다. 그런 의미에서 헬레니즘 시대를 살았던 사람이 만났던 혼란과 지금 이 시대를 살아가는 사람이 만나는 혼란은 같다. 프랑스 혁명에 휩쓸렸던 사람의 혼돈과 강제로 퇴직당한 친구의 혼돈도 무게가 다르지 않다. 임진왜란의 전란 속에서 날마다 전쟁을 치르듯 살아가야 했던 사람과 아내의 죽음으로 날마다 삶의 전쟁을 치르는 옆 동네 남자의 하루도 다르지 않다. 시대와 관계없이 사람은 항상 세기말을 살고 있는 셈이다. 밥 한 끼 먹는 게 수월한 적 없고 안락과 풍요는 항상 멀리 있다. 늘 견디며 살아 내야 하는 사람들에게 그런 삶이 세기말 같은 혼란 아니고 무엇이겠는가.

생각해 보면 지구에서 살다 떠난 사람들은 모두 그런 삶을 살았을 것이다. 삶은 기쁨과 고통의 교집합이다. 어느 한쪽이

때때로 커지기도 하고 작아지기도 하지만 어느 하나가 완전히 없어지는 일은 없다. 희로애락은 어느 시대 누구의 삶에서나 똑같이 나타난다. 크기도 비중도 그리 다르지 않다. 희로애락 중 단 한 가지조차 비켜 가는 인생은 없다. 기쁨과 환희만 채워 넣고 비통, 분노, 슬픔을 아예 삭제해 버리는 건 불가능하다. 그런 힘겨움이 없기를 누구나 바라지만 그건 살아 있는 삶이 아니다. 죽은 사람에게나 가능한 일이다. 살아 있는 대가로 신이 숨겨 놓은 것들이 고통과 혼란일지도 모른다. 항상 인생은 짧고 괴로움은 길다.

"왜 이런 일들이 나에게 일어나는가, 라며 불평하지 말라. 그것은 목수나 구두장이의 작업장에 가서 톱밥이나 가죽 조각이 널렸다고 투덜대는 것이나 마찬가지다."

"그대가 손이나 발에 느끼는 통증이, 손이 손의 기능을 다하고 발이 발의 기능을 다하는 과정에서 얻어진 것이라면 당연한 것이다. 마찬가지로 인간의 고통이 인간이 마땅히 해야 하는 일과 관련한 노력에 의한 것이라면 당연한 것이다."

마르쿠스 아우렐리우스는 목수의 작업장에 톱밥이 널려 있는 게 당연하듯 삶에서 생기는 고통은 당연하다고 타이른다.

생명을 유지하며 살아가는 과정에서 생기는 통증 역시 당연하다고 말한다. 살아서 숨 쉬고 있다면 삶에서 오는 고통은 당연한 것이다. 아프다는 건 살아 있다는 증거다. 그러므로 고통이 꼭 나쁘다고 할 수는 없다. 그런 힘겨움과 싸우고 넘어서는 것. 그게 삶의 다른 모습이다. 때로는 의뭉스럽게 뭉개기도 하고 때로는 사지가 떨어져 나가듯 아파하고 그러면서도 다시 이어가는 것. 혼돈과 고통을 넘어가는 것. 그게 산다는 것의 기본일 것이다.

누구나 괴로움 없이 가볍게 즐겁게 살기를 원한다. 무거운 짐을 끌어안고 싶어 하지 않는다. 그러나 사는 게 어디 그런가. 어쩌다 보면 자신도 모르는 새 짐이 한가득이다. 아무리 덜어 내려 해도 덜어지지 않고 살아갈수록 짐은 오히려 더 늘어난다. 왜 그렇게 되느냐고? 그게 인생이니까. 그야말로, 세 라 비C'est la vie.

헬레니즘 시대를 살았던 시민이, 중세시대에 살았던 노예가, 세계대전 때 전쟁터를 누비다 세상을 떠나야 했던 병사가, 작은 고통에 엎어져 있는 우리를 보면 씩 웃으며 이렇게 말할지 모른다. 세 라 비, 그게 인생이야. 작고 큰 힘겨움에 고개를 넘지 못하고 있을 때 가끔씩 이렇게 말해 보자. 세 라 비. 주문처럼 한마디를 나직이 외워 보면 의외로 아픔이 작아지고 입가에 나직하게 웃음이 어리기도 한다. 나만의 주문 하나를 간직

하고 가끔씩 읊어 보는 것도 크고 작은 고개를 넘어가는 나름의 기술이다. 지금 괴로워 죽을 지경이라고? 힘들다고? 스스로에게 말해 보자. 세 라 비, 그게 인생이야.

나를 고쳐서
다른 나로

TA EIS HEAUTON
MARCUS AURELIUS

인생을
길게 사는 기술

"우리가 사는 것은 인생의 일부분에 지나지 않는다.
그 나머지는 인생이 아니라 그저 시간일 따름이다."

— 세네카

세네카의 말을 들어 보자. 〈인생의 짧음에 관하여〉라는 글에서
세네카는 가슴을 찌르는 말을 던진다.

"백발과 주름살만 보고 어떤 사람이 오래 살았다고 믿어서는 안 되
오. 그는 오래 산 것이 아니라 오래 생존한 것뿐이니까요."

살았다는 것과 생존했다는 것, 그 차이를 세네카는 분명하
게 분리하고 있다. 그의 글을 곱씹어 보면 살았다는 건 무언가
를 했다는 의미고 생존했다는 건 숨을 쉬고 있었다는 의미다.
그냥 살아온, 숨만 쉬며 살아온 것은 오래 살았다고 할 수 없다
는 말이다.

세네카는 또 이렇게 말한다.

"우리가 사는 것은 인생의 일부분에 지나지 않는다. 그 나머지는 인생이 아니라 그저 시간일 따름이다."

죽는 날까지 꾸려 가는 시간들을 통칭해서 인생이라고 부르는 게 흔한 표현 방식이다. 일반적으로 죽지 않고 살아 있으면서 만들어 가는 모든 걸 인생이라고 부른다. 그러나 세네카는 그런 표현을 거부한다. 사람이 제대로 살아가는 어느 부분만 인생이라는 것이다. 그러니 사람들은 작은 부분밖에 살지 못한다고 말한다. 세네카의 말에 의하면 제대로 사는 부분을 제외한 기간은 흘러가는 시간일 뿐이지 인생이 아니다.

살아가고 있는 것인가, 그저 숨 쉬며 생존하고 있는 것인가. 지금 이 순간은 인생인가, 시간인가. 백 년을 산 사람이라도 실제 인생은 몇 년밖에 안 될 수도 있다. 쉽게 생각해 왔던 것들의 참된 모습이 모호해진다. 세네카는 인생이 긴 사람은 자신을 위해 최대한 많은 시간을 쓰는 사람이라고 규정한다. 반면에 인생이 짧은 사람은 잡다한 일에 시간을 퍼 주느라 정작 자신의 삶을 위해서는 시간을 충분히 주지 않는다. 산다는 것은 목숨만 유지하는 것을 말하지 않는다. 단순히 얼마나 오래 살았느냐가 인생의 길고 짧음을 가름하는 기준이 아니다.

어떤 삶을 누렸느냐가 길고 짧음의 기준이 된다.

바야흐로 100세 시대다. 축복인지 재앙인지 아무도 모를 일이지만 누구도 일찍 죽기를 원하지 않는 건 분명하다. 생명 보험을 들겠다고 하면 당연하다는 듯 기간이 100세까지인 청약서를 받는다. 100년이면 한 세기를 사는 것인데 그게 쉽겠나 싶어서 80세로 하자고 하면 대뜸 그게 아니라는 열변이 되돌아온다. 이야기를 한참 듣다 보면 정말 그 정도는 무난히 살 것 같은 생각까지 든다.

한국인의 평균 기대수명은 2022년 기준으로 82.7세다. '60부터 청춘'이라는 말이 유행어처럼 된 지도 꽤 오래되었고 90세여도 정정한 분들을 주변에서 볼 수 있다. 그러니 100세 시대라는 말도 과장이라고 하기는 어렵다. 건강에 큰 이상이 없으면 무려 한 세기를 살 수 있는 시대가 됐다.

이론적 의미의 기대수명이 어떻든지 간에 가장 큰 관심은 내가 얼마나 더 살 수 있을까 하는 것이다. 기대수명은 통계와 의학 그리고 과학을 동원해 온갖 항목을 조사해 산출해 낸 결과를 보여 주는 수치다. 정확한 것이겠지만 때때로 그건 숫자 놀음 아닐까 하는 생각도 든다. 100세 시대가 정말 나의 것일까. 나는 100세를 살 수 있을까. 100세를 산다면 어떤 인생을 살아갈까.

모든 인생은 짧다. 일찍 떠난 사람은 일찍 떠나서 짧고, 긴 세월을 살고 떠난 사람은 그래도 아쉽고 못 다한 일이 많아서 짧다. 길어도 짧고 짧아도 짧다. 이래도 저래도 짧다. 생명을 가진 존재로서 삶의 욕망을 떨치기 어려우니 오래 산다는 건 중요한 일이다. 장수는 재앙보다는 축복이라 해야 할 것이다. 그러나 세네카는 그런 인식에 제동을 건다. 단순히 몇 해 동안 숨을 쉬었느냐를 계산하는 것은 의미가 없다. 무엇을 누렸느냐가 더 의미 있는 셈법이다.

향년享年이라는 단어가 있다. 한평생 살아 누린 햇수를 말한다. 향년은 세상을 떠날 때의 나이를 알려 주는데 부고 기사에 자주 쓰이는 단어다. 향년 80세라고 하면 80년 동안 삶을 누렸다는 뜻이다. 계산의 기준은 단순하다. 숨을 쉬고 있던 시간, 즉 살아 있던 모든 시간을 계산하면 된다. 삶은 누리는 것이고 살아 있던 시간을 누린 것으로 판단해서 만들어진 단어다. 괴로움에 몸부림친 시간은 물론이고 산소 호흡기를 쓰고 의식 없이 누워 있던 시간도 삶의 향유로 계산된다. 무섭게 분노하고 남들과 싸우고 슬픔으로 지새운 시간도 누린 것이 된다. 그렇게 모든 시간을 뭉뚱그려 향년으로 표현하는 건 적절해 보이지 않는다. 생명을 더 유지하고 싶고, 죽고 싶지 않다는 생물체의 무조건적 바람을 억지 계산법으로 수치화한 것에 불과하다.

향년이라는 단어를 이렇게 바꾸어 보면 어떨까. 향생享生. 시간이 아니라 삶의 순간을 얼마나 많이 누렸는지로 계산하는 것이다. 단순한 시간이 아니라 자신이 진정 누렸다고 생각하는 인생이 계산 기준이 된다.

얼마만큼을 살았느냐와 얼마나 의미 있는 생을 살았느냐를 두고 옳고 그름을 가를 수는 없다. 어떤 것을 앞선 순위에 두어야 한다고 단정할 수도 없다. 개똥밭에 굴러도 이승이 낫다고 할 만큼 오래 사는 것은 생명체의 꿈이다. 반면 길게 산다는 것에 의문이 들 때도 있다. 아무런 의식 없이 연명 치료를 받는 경우가 그렇다. 단지 호흡이 유지된다는 생물학적 이유 하나만으로 길게 생명이 연장되는 것에 흔쾌히 좋다고 할 사람은 많지 않을 것이다. 그런 방식으로 십 년을 더 살아 향년 90세에 세상을 떠났다면 그 십 년을 향년이라고 하는 것이 적절할까? 그 향년은 누구의 눈으로 본 향년일까? 누워 있던 본인에게도 진정 향년일지 궁금하다.

향년보다 향생으로 눈을 돌려볼 일이다. 진정으로 누린 인생이 얼마나 되는지, 진정으로 무엇을 누렸는지 다시 꼽아 볼 일이다. 앞으로는 어떤 인생을 어떻게 누리며 살아갈 것인지도 생각해 볼 일이다.

〈인생의 짧음에 관하여〉는 세네카가 양곡 조달관이었던 파울리누스에게 준 글이다. 세네카는 글을 통해 인생의 길이는 살아 있는 기간의 총합이 아니라고 역설을 거듭한다. 인생이란 가치 있고 유용하게 쓴 시간이라는 것이다. 자신의 행복을 위해 시간을 많이 사용할수록 인생이 길어진다고 그는 말한다.

100세 시대는 허망한 숫자 놀음으로 끝날 수 있다. 100세는 고사하고 기대수명까지 살 것이라는 보장도 없다. 기대수명까지 산다고 한들 여한이 없을까? 그 이상을 살면 또 다를까? 얼마를 살든 인생은 짧게 느껴질 것이다. 삶을 더 길게 늘이는 방법은 내 삶을 위한 시간을 늘리는 것 아닐까?

100세 시대에는 더 많은 것들이 가능하다고 여긴다. 오래 살 수 있으니 그만큼 무언가를 할 시간도 많다는 게 그 이유다. 마흔 이후에, 쉰이 되면, 은퇴를 하면, 돈이 더 생기면…… 그때를 기대하고 믿는 건 100세 시대의 축복이 아니라 함정이다. 지금 할 수 있음에도 미루는 것은 인생을 짧게 만든다. 지금이라는, 내가 가지고 있는 것을 최대한 누릴 줄 알아야 한다. 당장 눈앞에 있는 시간조차 제대로 살아 내지 못하는 마당에 천년이 주어진들 무슨 소용이 있을까.

향년보다 향생이다. 얼마나 살 것인가를 생각하기보다 어떤 삶을 살 것인가를 생각해야 한다. 나름의 삶을 위해 애

쓰고 누리며 살아가고 있는지, 나이만 먹으며 생존하고 있는지 냉철하게 계산해 봐야 한다. 향생이 인생을 길게 사는 기술이다.

고민은 아무것도
해결하지 못한다

"걱정은 부질없는 짓이다."

— 마르쿠스 아우렐리우스

철학은 예로부터 주로 관념의 문제에 집중했다. 그러나 모든 철학이 그랬던 것은 아니다. 헬레니즘 시대의 철학은 관념이 아닌 삶 속에서 벌어지는 생활에 초점을 맞췄다. 헬레니즘 시대는 개개인들이 삶의 방향성을 잃은 시기였다. 번성하던 그리스의 도시국가들은 대립과 마찰 속으로 빠져들었고 마케도니아의 알렉산드로스 대왕에게 정복당하며 정치적 독립을 상실했다. 그때까지 겪어 보지 못했던 상황에 휩쓸리면서 사람들은 무얼 어떻게 해야 할지 모르는 혼란에 빠졌다. 그런 시대에 발현된 스토아학파 등 헬레니즘 철학은 사람들에게 삶의 기술을 제시하는 이정표 역할을 했다. 사람들이 혼돈 속에서 갈팡질팡하고 있을 때 철학이 관념만을 붙잡고 있을 수는 없었다. 철학은 실질적인 생활이었고 생활은 곧 개개인 철학의 실천이었다.

스토아 철학자들은 철학자로만 살지 않았다. 일반 사람들과 다르지 않은 생활인으로 살았다. 자신의 삶에 용감했고 강인했다. 관념에 매달려 머리로 고민만 하는 철학이 아니라 자신의 삶으로 실천하는 철학이었다. 스토아 철학자들은 행동의 철학자였다.

황제가 된 철학자 마르쿠스 아우렐리우스는 철인 황제로 불렸다. 절대 권력자가 숱하게 명멸했던 인류 역사상 처음 있는 일이었다. 그의 철학은 종이와 활자로 이루어진 머릿속의 철학이 아니었다. 대제국 로마를 다스리는 정책 속의 철학이었고 영토를 지키기 위한 전쟁터에서의 철학이었다. 행동으로 직접 삶을 꾸려 나가는 생활 속의 원칙이며 이정표였다.

스토아 철학의 기초를 단단하게 다졌던 클레안테스는 권투 선수였다. 철학을 공부하고 싶어서 아테네로 왔을 때 그에게는 단지 4드라크마 주화 하나밖에 없었다고 한다. 그가 철학을 공부하기 위해 택한 방법은 정원에서 물을 긷고 밀가루를 반죽하며 생활비와 학비를 버는 것이었다. 그는 철학을 배우고 싶다는 열망을 머릿속에 넣고 고민만 하지 않았다. 실현 가능한 현실적 행동을 택했다. 절름발이면서 노예로 태어난 에픽테토스 역시 다르지 않았다. 노예에서 해방되어 철학자가 되고 죽을 때까지 철학자로 살면서 에픽테토스는 자신의 생각을 삶 속의 행동으로 이루어 냈다.

"그 팀은 6개월 뒤에 해체합니다. 모두 퇴직 대상이니 준비 하세요." 한 외국계 회사에서 구조조정이 있었다. 회사에서는 팀 전체가 구조조정 대상이라고 미리 통보했다. 젊은 직원들 부터 하나둘 다른 회사로 떠났다. 팀을 통솔했던 이사급 팀장 은 다섯 달이 지나서 재취업 컨설턴트를 찾아갔다. 서류를 접 수하고 옮길 수 있을 만한 회사를 꼽아 보았다. 흡족한 조건은 아니지만 갈 만한 곳이 아예 없는 건 아니었다. 한참 상담을 하 던 컨설턴트가 갑자기 물었다. "그런데 왜 이제야 오셨습니까?" "고민하느라 다섯 달 동안 술만 먹었지요. 술 먹다 보니 시간이 그렇게 지났더라고요."

"지금 뭐가 고민인지 내가 맞혀 볼게. 너희들 돈 때문에 가장 고민이지?" 모임에서 한 친구가 묻는다. 돈 걱정에서 가 장 멀리 떨어져 있는 축에 속하는 친구다. 그렇다고 부자인 것 도 아닌데 돈 걱정을 크게 하지 않는다. 어떻게 알았느냐는 듯 실실 웃는 친구들에게 한마디를 덧붙인다. "그런데 그거 알아? 너희들 작년에도 재작년에도 같은 고민이었다는 거." 그 친구 는 앞으로 필요한 돈이 얼마인지 계산해 보고는 더 이상 고민 하지 않는다고 한다. 돈이 많아서가 아니다. 그때부터는 돈 고민이 아니라 돈 벌 고민을 한다는 거다. "필요한 돈이 있으면 벌어야지. 고민만 한다고 돈이 들어오나. 고민만으로 해결되는 건 없어." 해법은 고민이 아니라 행동이니 행동으로 나서는 게 일을 해결하는 데 가장 낫다는 것이다.

지금 무슨 고민을 하고 있는지 종이에 적어 보자. 비슷한 내용들은 한쪽으로 모아서 크고 작은 덩어리로 만든다. 큰 얼개만 추려 내면 된다. 얼추 정리가 끝났다 싶으면 작년에 했던 고민이나 걱정거리를 적어 보자. 그것들 역시 크고 작은 덩어리로 만들어 본다. 기억이 난다면 재작년에 했던 고민들도 똑같이 적어 본다. 그 이전까지 더 기억이 난다면 5년 전 10년 전 것도 같은 방식으로 해 본다. 해마다의 고민거리와 걱정거리가 어떻게 변해 왔는지 큰 줄기가 한눈에 보인다. 매일매일 많은 고민 속에 살고 있는 것 같지만 큰 고민거리는 몇 개뿐인 경우가 많다.

회사를 옮기거나 직업을 바꾸는 것 같은 큰 변화가 없었다면 고민의 덩어리가 10년 전이나 지금이나 거의 비슷하다. 같은 고민을 하는 데 그 많은 시간을 들였다는 말이다. 똑같은 고민을 하느라 몇 년에 걸쳐 숱한 시간을 썼다는 의미다. 지금의 고민이 돈, 노후, 아이 교육, 퇴직 이후라고 한다면 그 고민은 최근에 시작된 게 아니다. 이미 몇 년 전부터 계속 있어 온 고민이다. 같은 고민을 항상 똑같이 해 왔다는 얘기다. 고민은 습관이다. 그것도 별로 안 좋은.

사람은 살아 있는 한 고민에서 벗어날 수 없다. 고민은 죽어야 끝난다. 마치 내가 살아 있다는 존재 증명과 같다. 그러나 지나친 고민은 마음을 조급하게 만들고 괴로움의 동굴로 사람을 밀어 넣는다. 10년 전의 고민을 지금도 계속하고 있다면 10년 후에도 크게 다르지 않을 것이다. 그렇다면 이쯤에서 고민을 멈추는 건 어떨까. 해결은 되지 않고 고민만 이어지고 있다면 머리 싸매고 고민할 이유가 없다. 고민은 할 만큼 했다. 무엇이 문제인지는 명확하다. 이제는 해결책을 찾아 나서는 게 더 현실적이다. 고민 자체에서 벗어나 해결 방법에 매달려야 한다.

삶의 기술은 행동이다. 머리를 쥐어뜯고 굴리고 또 굴려서 문제를 해결할 이론을 찾고 화두를 풀어내는 건 관념의 철학이다. 철학이 삶의 이유이고 밥을 먹고 사는 수단인 사람에게만 그럴 가치가 있다. 평범한 사람의 철학은 관념이 아니라 삶의 방식이고 행동이고 방향이다. 부딪치는 상황들에 어떤 방식으로 대응할 것인지 선택하는 토대가 되어야 한다. 어느 방향으로 걸어가야 할 것인지 생각하고 결정하고 나아가는 게 평범한 사람들이 지닌 철학의 힘이다.

책을 쓰려는 후배가 고민이 많다며 이야기를 청했다. "이거 어떡하죠. 책을 쓸 아이템은 이제 확실히 잡았어요. 쓰고 싶은 주제이기도 해요." "그런데 뭐가 문제지?" 후배의 고민은 어떤 방식의 글쓰기가 좋을지 모르겠다는 것이었다. 에세이가 나을지, 아주 짧은 소설 형식이 나을지, 아니면 내용을 직접적으로 전달하는 방식이 나을지 고민이라고 했다. 꽤 오랫동안 생각해 봤지만 판단이 서지 않는단다. "그거 작년에도 하던 얘기 아니야?" "했죠." "그럼 그동안 뭐했는데?" "계속 고민했죠." 고민을 잡고 있지만 말고 어떤 방식이든 두세 번만 써 봤으면 결론이 났을 문제였다. 아무런 결론도 없이 시간은 갔고 고민은 그대로 남았다. 그런 식으로 다시 일 년이 가지 않는다는 보장이 없다.

고민하는 것은 삶의 기술이 아니다. 고민이 무엇인지 명확한 실체를 끄집어내고 상황에 맞게 행동하는 것이 기술이다. 고민은 아무것도 해결해 주지 못한다. 이런저런 고민을 하다 보면 자신이 열심히 살고 있다는 생각이 든다. 삶의 방향을 찾고 있는 셈이니 치열하게 사는 것처럼 느껴진다. 그러나 5년, 10년 고민만 하고 있다면 열심히 살고 있는 게 아니라 핑계를 대고 있는 것이다. 치열하게 사는 게 아니라 헛돌고 있는 것이다. 어떤 것도 해결하지 못하고 있는 자신에게 면죄부를 주고 있는 것과 같다. 고민 이후에는 행동이 필요하다.

삶을 고민하고 삶을 살아내는 것이다. 고민만 하는 것으로 삶은 달라지지 않는다.

발가벗고
나를 들여다보기

"옷을 벗고 그대의 늙고 병들고 지친 몸을 바라보라."

— 마르쿠스 아우렐리우스

전쟁에서 큰 승리를 거두고 돌아온 장군에게 로마는 개선식을 허용했다. 승리를 축하하고 적을 물리친 기쁨을 시민들과 함께 하기 위해서였다. 황제는 시민들에게 콩기아리움congĭárĭum(국가적 행사나 기념할 일이 있을 때 나누어 주는 돈)을 주었기 때문에 개선식은 큰 인기가 있었다. 통치자들은 국민통합이라는 정치적 수단으로 활용했지만 한편으로는 축제이기도 했으므로 시민들의 환영을 받았다. 개선식을 할 때, 개선장군은 무장을 하지 않은 채로 네 필의 백마가 끄는 마차를 직접 몰았다. 이 마차에는 장군과 또 다른 한 명만이 탈 수 있었는데 그 사람은 노예였다. 황금으로 만든 관을 장군 머리 위에 받쳐 들고 있는 게 노예의 일이었다. 독특한 점은 그 노예가 계속 장군에게 무슨 말을 한다는 것이다. 그는 개선식이 끝날 때까지 장군 뒤에서 이렇게 말한다. "당신은 한 명의 인간이고, 죽음을 면할 수 없는 숙명임을 잊지 말라."

길거리의 사람들은 환호를 보내고 승리의 기쁨은 가슴을 가득 채운다. 세상의 모든 것을 손에 넣은 것 같다. 세상이 자신의 발아래에 있는 듯한 기분일 것이다. 그 순간만은 황제보다 더한 인기에 취한다. 그런 개선장군에게 얼음물 같은 말이 쏟아져 내린다. 그 말은 이런 경고이다. "깝치지 마라. 너도 별것 아닌 한 사람의 인간일 뿐이다."

스포트라이트가 쏟아지는 자리에 있다면 교만에 빠지는 건 자연스럽다. 그게 인간이다. 교만함에 발목 잡히지 않는다면 그게 오히려 이상한 일이다. 눈에 잘 띄지도 않는 작은 지위를 차지했을 때도, 남보다 조금 더 많은 힘을 갖게 되었을 때도, 꼴불견에 가까운 모습으로 변하는 게 사람이다. 그에 비하면 개선식을 열어 줄 정도로 큰 전과를 올린 장군이나 황제의 자긍심은 교만이 아니다. 당연한 모습이다. 그러나 로마는 냉철했다. 애초부터 그 싹을 차단하고자 했다. 눈앞의 현상보다 인간 본연의 모습을 마음으로 돌아보게 했다. 교만의 싹을 자르려면 그 방법이 가장 좋다고 판단한 것이다. 지금은 이렇게 뜨거운 환호가 쏟아지지만 그 환호가 식으면 그때는 아무것도 남는 게 없음을 깨닫게 했다. 그 순간만 봤을 때는 영생을 누리며 세상을 호령할 것 같지만 결국 죽어서 한 줌의 재로 사라질 인간임을 잊지 말라고 일러 줬다. 전과戰果는 잊히고 영광은 흔적도 남기지 않고 사라질 때, 아무것도 남지 않을 자신의 모습을 제대로 보게 했다.

《이솝 우화》에는 이런 이야기가 있다. 당나귀가 어느 날 신의 조각상을 옮기게 되었다. 조각상은 새로 지은 신전으로 가는 것이었다. 조각상을 등에 지고 거리에 나간 당나귀는 이상한 걸 보게 된다. 사람들이 길을 멈추고 손을 모으거나 절을 하는 게 아닌가. 당나귀는 자기에게 경배하는 것이라고 생각했다. 착각으로 우쭐해진 당나귀는 길 한가운데 버티고 서서 꼼짝도 하지 않았다. 그 꼴을 본 주인은 채찍으로 당나귀를 후려친다. "당나귀 이놈아, 사람들이 너한테 절하는 게 아니야. 네가 짊어진 신의 조각상에 하는 거야!"

사람은 신의 조각상을 등에 진 당나귀와 같다. 너무 쉽게 자신의 진짜 모습을 잊는다. 주변사람들이나 필요에 의해 만나는 사람들이 대우해 주는 걸 자신의 모습으로 여긴다. 그런 대접은 자신이 등에 지고 있는 무언가를 향해 절을 하는 것인데 그걸 깨닫지 못한다. 상상해 보자. 가지고 있던 지위를 상실했을 때, 사회적 위치를 모두 놓아 버렸을 때, 손에 쥐고 있던 힘을 잃어버렸을 때, 사람들은 그를 예전과 똑같이 대우할까? 그렇지 않다. 사회적 값어치가 달라졌으니 대우도 달라진다. 평가의 기준이 바뀌어 버린다. 어떤 평가가 더 정확할까? 아무것도 지니지 못한 상태의 평가가 훨씬 정확하다. 평가는 모든 이해관계를 떠났을 때 정확해진다. 그때 이루어지는 게 진정한 평가다.

나이가 든다는 것은 무엇이 되었든 하나씩 벗는다는 것이다. 높든 낮든 그동안 사회적으로 가지고 있던 직위와 자리가 떠나간다. 그리고 크든 작든 쥐고 있던 힘을 조금씩 놓게 된다. 한참 뛰어오를 시기인데 무슨 소리냐고 하겠지만 마흔 초반이라면 뛰어 봐야 십 년 안팎이다. 마흔을 이미 꽤 지났다면 우리나라 직장의 고용 구조로 보았을 때 상실의 시기는 가속도가 붙는다. 가장 높은 층으로 들어서지 못했다면 하나씩 벗는 것만 남았을 뿐이다.

언젠가 결국 벗을 것들이라면 스스로 한번 벗어 보는 건 어떨까. 자신의 손으로 발가벗는 것이다. 발가벗고 나를 보면 내가 제대로 보인다. 어떤 부장인지, 어떤 상사인지, 어떤 거래처인지가 아니라 어떤 인간인지가 보인다. 목욕탕에 가면 그 안에는 살덩어리들만 있다. 사장도 없고 부장도 없다. 상사도 없고 부하도 없다. 부자도 없고 빈민도 없다. 늘어진 살과 초라한 몸만 있다. 그 초라함이 시작점이다. 사회적으로 나를 아는 사람이라곤 하나도 없는 곳에서 모두 벗고 드러낸 몸. 아무것도 갖고 있지 않은 그 초라함. 아무것도 걸치지 않은 몸뚱이. 배는 불룩 나오고 피부는 늘어지고 머리숱은 줄고 있는 본연의 모습. 그 지점이 나를 보는 시작점이다.

사람에게 매겨지는 값은 많은 경우에 사회적 값이다. 비공식적인 자리가 아니고는 인간 자체의 값으로 매겨지는 경우가 드물다. 그럼에도 사람들은 사회적 값을 자신 본연의 값으로 생각한다. 어느 날인가 순식간에 사회적 값이 제로로 떨어지는 날, 그때는 어떻게 될까. 자신의 값도 달라진다. 사회적 값이 사라져도 어느 정도 값나가는 사람이 되려면 어떻게 살아야 할까. 그 시작점이 발가벗은 나를 냉철히 보는 것이다. 내세울 게 아무것도 없는 지점에서, 어떻게 살아야 값이 매겨질 수 있는지 생각해 보는 것이다.

사람들이 똥을 피하는 건 무서워서가 아니라 더러워서다. 사람들이 당신을 피한다거나 당신 앞에서 설설 긴다면 또는 두려워한다면 왜 그럴 거라고 생각하는가. 카리스마 때문에? 혹은 출중한 실력 때문에? 아니면 뛰어난 리더십과 거기에 더해서 인품 때문에? 절대 그럴 리 없다. 그 이유는 당신이 바로 똥이기 때문이다. 가지고 있는 모든 것이 사라지는 날, 당신 주변에는 아무도 남지 않는다. 더 이상 그럴 이유가 없는 것이다. 똥 주변에 있고 싶은 사람은 없다.

똥이 되고 싶지 않다면 가지고 있는 것들을 던져 버렸을 때 자신의 모습이 어떨지 정면으로 보아야 한다. 냉정한 시선으로 자신을 돌아보고 따뜻한 가슴으로 앞으로 살아갈 모습을 내다보아야 한다. 무얼 버리고 무얼 바꾸어야 하는지 세세히 보아야 한다. 후한 평가를 하면 안 된다. 아주 박하게 점수를 주고 그 평가에서 고쳐 나갈 점을 찾아야 한다. 그때의 한 걸음은 똥통에서 벗어나는 한 걸음이다. 사회적 값을 벗어나 본연의 값을 찾는 한 걸음이기도 하다. 나이가 들어 갈수록 어떤 자리, 어떤 권력으로 살아갈 것인가가 아니라 어떤 사람으로 살아갈 것인가를 고민해야 한다.

166년 10월 로마에서는 개선식이 있었다. 로마·파르티아 전쟁의 승리를 자축하는 행사였다. 아우렐리우스는 자신이 공동 황제로 택하고 공동으로 로마를 통치하던 루키우스 베루스Lucius Verus, 130~169(재위 161~169)와 함께 개선식 마차에 올랐다. 황제의 자격으로 함께 마차에 탄 두 사람이지만 삶의 방식은 판이하게 달랐다. 베루스는 파르티아 전쟁터로 가면서도 곳곳에서 끊임없이 파티를 벌였고 어디에서든 여자를 끼고 지냈다. 전쟁을 지휘하러 갔지만 제대로 된 역할을 하지 못했으리라는 건 짐작 가능하다.

베루스는 169년 젊은 나이로 갑자기 세상을 떠날 때까지

지위와 권력에 기대어 살았다. 반면에 아우렐리우스는 자신의 철학에 기대어 살았다. 그에게 중요한 것은 어떤 자리에서 어떤 권력으로 살 것이냐가 아니라 어떤 사람으로 살 것이냐였다. 베루스는 쾌락을 누렸고 아우렐리우스는 철학을 누렸다. 베루스의 쾌락이 더 자극적이겠지만 그렇다고 부럽다는 생각이 들지는 않는다. 오히려 안쓰러운 기분마저 든다. 아우렐리우스처럼 확고한 철학은 쾌락보다 삶을 더 만족스럽게 만들어 준다.

싫은 과거가
미래가 되지 않게

"우리는 같은 강물에 발을 두 번 담글 수 없다."

— 헤라클레이토스

마르쿠스 아우렐리우스는 자신에게 황제 자리를 물려준 안토니누스 피우스의 딸 파우스티나와 결혼했다. 아우렐리우스는 스물네 살, 아내 파우스티나는 열네 살 때였다. 두 사람 사이에서 태어난 아이들은 열넷, 그중 여섯 명만 살아서 성인이 되었다. 딸이 다섯이고 아들은 단 하나였다. 단 하나의 아들, 그가 바로 콤모두스Commodus, 161~192다. '로마의 재앙'으로까지 불리는 황제 콤모두스. 가장 현명한 황제로 불리는 아우렐리우스는 가장 악명을 떨친 아들에게 제위를 넘겨주었다.

177년 1월, 아우렐리우스는 열다섯 살의 아들 콤모두스를 공동 황제로 임명한다. 아들을 통치자로 만들기 위한 학습의 시작이었다. 그보다 앞서 열여섯 살에 황제가 된 네로보다 더 이른 나이였다. 불과 열다섯 살이지만 국가 종교의 최고책임자인 제사장 지위만 빼고는 아우렐리우스와 똑같은 권력이 부여됐다. 180년 3월, 아우렐리우스는 전쟁터 막사에서 숨을 거두고 콤모두스는 열여덟 살에 실질적인 로마 황제가 된다. 콤모두스는 술을 지나치게 즐겼고 음탕했다. 사악하면서 비열했고 잔인하기 이를 데 없었다. 아버지와는 달라도 너무 다른 성품이었다. 일부에서는 황후 파우스티나가 검투사와 잠자리를 갖고 낳았다는 이야기까지 떠돌았다.

아우렐리우스는 이런 아들의 성격을 알면서도 왜 황제 자리를 넘겨주었을까? 로마 오현제 시대의 특이한 점은 양자를 후계자로 삼았다는 것이다. 네르바, 트라야누스, 하드리아누스, 안토니누스 피우스, 아우렐리우스에 이르는 동안 모두 적합한 인재를 양자로 들여 차기 황제로 삼았다. 전임자들이 아우렐리우스와 달랐던 점은 모두 아들이 없었다는 것이다. 아우렐리우스에게 한 명의 아들이 있었던 게 로마의 불행이었다. 철인 황제라고 불리며 자신에게는 더할 나위 없이 냉철했던 그도 아들 문제에는 질끈 눈을 감아 버렸다. 더 크면 나아지겠지, 교육을 받으면서 달라지겠지 생각했던 것이다. 아들에 대한 철석같은 믿음은 눈앞의 현상을 제대로 보지 못하게 만들었다. 스스로도 좋은 선택이 아니었음을 알고 있었으나 아들에게 황제 자리를 물려주겠다는 마음이 그의 현명한 눈을 가로막은 것으로 보인다. 제국은 괴물 황제에게 넘어갔다. 무엇이 문제인지 알면서도 눈감아 버린 아우렐리우스가 치러야 했던 대가는 너무 컸다.

술잔이 빨리 돌았다. 잔이 차는가 싶으면 곧 바닥을 보였다. 조금은 웅성거렸지만 이야기는 이어지는 것 같으면서 툭툭 끊어졌다. "얼마나 다행이냐. 구사일생이라더니 딱 그렇게 됐네." "그래, 앞으로는 조심해야 할 거야." 회사에 구조조정이 있었고 친구는 이해할 수 없는 이유로 대상에 올랐다. 충격과 황당함과 분노를 터뜨렸지만 그런다고 달라질 건 없었다. 언제 짐을 싸느냐만 남아 있는 시점에서 천행으로 구제되었다. 안도의 한숨과 채 가시지 않은 분노 속에서 열린 술자리였다. "충분한 준비를 해야겠어. 언제 또 당할지 모르잖아. 술도 이젠 확 줄여야지." 쓴 표정으로 술을 넘기던 친구는 굳은 각오를 내비쳤다. 그랬던 게 십 년 전이다. 친구는 오늘도 술을 마신다. 십 년이 지났고 나이는 열 살 더 많아졌다. 그것 말고는 달라진 게 없다. 익숙한 그 모습에 멈춰 있다.

사람은 변하지 않는다. 아니 변하지 못한다. 눈을 감아 버린다. 아우렐리우스가 그랬듯이 보고 싶지 않은 것에는 눈을 감아 버리고 외면해 버린다. 아우렐리우스에게 눈감아 버림의 대가는 흔들리는 로마 제국이었다. 《로마 제국 쇠망사》를 쓴 에드워드 기번은 사실상 콤모두스의 시대부터 책을 시작한다.

앞쪽 일부분에는 이전 시대에 대한 짧은 설명이 실려 있을 뿐이다. 곧바로 콤모두스의 살육, 악행, 잔인성에 대해 서술한다. 그로부터 로마의 몰락이 시작되었다는 것을 시사한다. 로마 역사에 있어서 보편적으로 통용되는 역사적 관점이다. 눈감아 버림의 대가는 개인에게도 아량을 베풀지 않는다. 되풀이하고 싶지 않은 과거의 되풀이. 변하지 않는 습관, 여전히 갈팡질팡하는 삶의 방식. 눈을 감아 버린 개인의 대가는 벗어나고 싶은 나를 가시나무처럼 껴안고 사는 것이다.

시간을 잃어버리는 대가로 보상받는 건 안타깝게도 아무것도 없다. 시간과 맞바꾸어 얻는 게 있다면 다만 경험이 있을 뿐이다. 몸으로 살아 낸 시간들은 도장처럼 몸에 흔적을 남긴다. 사람은 그 경험에서 배우고 지혜를 쌓는다. 배움과 지혜는 그렇게 잃어버리는 시간에서 나온다. 초등학교도 나오지 못한 부모가 대학 졸업한 아들보다 더 많은 지혜를 갖고 있었던 건 시간의 힘이다. 달라진 모습으로 나이 들고 싶다면 눈감지 말아야 한다. 시간을 잃는 대가로 얻은 배움과 지혜로 과거의 나를 하나씩 고쳐 나가야 한다.

아우렐리우스는 자신이 쉽게 흥분한다는 것을 알고 고치려 애썼다. 급한 성격을 조금이라도 나아지게 하려고 힘을 기울였다. 스스로를 괴롭게 만드는 파토스에서 벗어나고자 했다.

아들의 잘못된 점에는 눈을 감았지만 자신의 고칠 부분에서는 그러지 않았다. 익숙한 자신과 결별하기 위해 스스로를 고쳐 나갔다.

누군가의 미래를 알려면 그의 과거를 보면 된다. 변화를 원하는 사람은 많지만 변화에 성공하는 사람은 드물다. 지금껏 살던 모습에서 벗어나지 못하고 묶여 버린다. 나라는 사람이 누구인지는 과거에서 드러난다. 과거가 그의 미래다. 나의 미래 역시 마찬가지다. 닮고 싶지 않은 과거가 다시 나의 미래가 되지 않게 하려면 눈감지 말아야 한다. 나를 고쳐 다른 나로 만들어야 한다. 나이가 든다는 건 그렇게 조금씩이라도 성숙해지는 것이다.

십 년 뒤 다시 구조조정의 위기가 왔을 때 그 친구가 한 일은 또 술을 한잔 먹는 것이었다. 준비를 했다고 달리 뾰족한 방법이 생기는 게 아닐 수도 있다. 그러나 그냥 십 년을 살았구나 하는 자괴감은 덜했을 것이다. 세상에서 가장 어려운 싸움은 자신과의 싸움이다. 그 싸움에서 이기려면 눈감지 않아야 한다. 벗어나고 싶은, 너무나 익숙한 나를 떠나려면 나를 고쳐야 한다. 눈감지 않고 명확히 보고 나와 싸워야 한다. 팔이 부러지면 치료하고 고쳐서 기능을 제대로 하게 만들 듯, 삶도 부러지고 망가진 부분이 있으면 고쳐야 한다. 부러진 팔과 구부러진 척추, 금 간 다리를 그냥 두고 살아가는 사람은 없다. 그러나 고장 난 삶은 아무렇지도 않은 듯 살아간다. 이게 아닌데 하면서도 그냥 절뚝거리며 살아간다. 익숙한 나와 결별하지 못한다.

소크라테스 이전 시기의 철학자였던 헤라클레이토스Hera-cleitos, B.C.540?~B.C.480?는 "우리는 같은 강물에 발을 두 번 담글 수 없다"는 유명한 은유를 남겼다. 강물은 다름없이 흐르고 있지만 지금 눈앞의 강물은 아까의 강물이 아니다. 처음 발을 담근 강물은 이미 흘러갔고 다시 발을 담글 때의 강물은 이전의 그 강물일 수 없다. 강물만 변한 것이 아니다. 강물에 발을 담그는 나 역시 변한다. 처음 발을 담글 때의 나와 다시 발을 담글 때의 나는 같은 사람이 아니다. 아무리 짧은 시간이어도 예전의 나와 지금의 나는 어떻게든 다르다.

헤라클레이토스의 은유는 우리 앞에서 빛을 잃는다. 아무리 시간이 흘러도 다른 사람으로 살지 않기 때문이다. 항상 같은 사람으로 항상 같은 강물에 발을 담그고 있다. 구조조정 대상이라는 아픔을 겪고도 십 년이 지나도록 술만 먹던 친구의 모습은 바로 나의 모습이기도 하다. 열 살과 스무 살이 다르고 스무 살과 서른 살이 다르다. 거기서 마흔과 쉰이 되는 건 또 아주 많이 다르다. 그런데 나이만 먹고 시간만 잃어 가고 있다면 삶이 달라질 수 없다. 변화나 성장에 대한 강요가 아니다.

스스로도 반복하고 싶지 않은 자신의 모습 그대로 계속 살 것이냐에 대한 문제다. 우리는 같은 강물에 평생 동안 발을 담그고 살다 죽는 걸 선택한다.

세네카는 사는 것을 배우는 데 평생이 걸린다고 했다. 인생이라는 조각품은 시간을 깎아서 만들어진다. 자신의 삶을 깎아서 만들지만 완성의 순간은 영원히 오지 않는다. 삶이 끝나는 순간까지 달라지고 또 달라진다. 평생을 들여 고치고 또 고친다. 그리고 어느 순간 조각은 끝이 난다. 인생이 끝나는 그때가 완성의 순간이다. 지구상에 살다 간 어느 누구도 완성된 조각품을 남기지 못했다. 결국은 미완성으로 끝나지만 그 미완성으로 완성된 모습이 자신의 삶이다.

변화는 저절로 일어나지 않는다. 과거의 나를 뜯어고칠 때 변화가 일어난다. 익숙한 나에게 눈감아 버리면 삶은 달라지지 않는다. 나를 바꾸어 가는 것은 남은 생을 위한 투자다. 구슬이서 말이라도 꿰어야 보배고 경험이 삼십 년이라도 꿰어야 지혜가 된다. 삶에서 배운 것으로 삶을 고치는 것은 익숙한 나와 결별하는 기술이다. 항상 어제의 나로 살아가는 나에게서 떠나가는 기술이다.

기적은
스스로 만드는 것

"그대에게 주어진 것을
자유롭게 이용하는 것이 그대의 힘이 미치지 않는 것에 대해
비굴하게 호소하는 것보다 나을 것이다."

— 마르쿠스 아우렐리우스

선왕이었던 안토니누스 피우스가 세상을 떠나고 마르쿠스 아
우렐리우스가 로마 16대 황제 자리에 오른 것은 161년이었다.
그해에 파르티아 왕의 아르메니아 침공으로 시작된 로마·파
르티아 전쟁은 166년이 되어서야 끝났다. 전쟁은 로마의 승리
로 끝났지만 전쟁의 결과로 얻은 것 중에는 반갑지 않은 것도
있었다. 전쟁에 참여했던 병사들 사이에서 역병이 번진 것이
다. 페스트로 추정되는 역병은 로마 전역으로 퍼져 나갔고 그
로 인해 사회 분위기가 급격히 침체됐다. 거기에 더해서 북방
의 야만족 게르마니아가 호시탐탐 위협을 가했다. 안팎으로 닥
친 시련에 로마는 난국으로 빠져들었다.
　가라앉은 국가의 분위기 쇄신을 위해 아우렐리우스는 대

규모 제의를 올리기로 했다. 렉티스테르니움lectisternium이라고 불리는 제의는 신들에게 각각의 신을 상징하는 음식물을 바치는 의식이다. 신들에게 음식물을 드리며 바라는 것을 비는 게 로마의 제의였다. 어려움에 처한 상황에서 신에게 기원을 올린다면 곤경에서 구해 달라고 하는 것이 일반적이다. 그러나 로마의 제의는 그렇지 않았다. 로마인들은 자신들을 불행에서 구해 달라고 기원하지 않았다. "신들이여 우리를 이 구렁에서 꺼내 주십시오" 하는 게 아니라, "이 구렁에서 나갈 수 있도록 열심히 노력할 테니 그런 우리를 도와주십시오" 하고 빌었다. 곤경에서 어떻게 벗어날 것인가, 어려움 속에서 어떻게 살아갈 것인가 하는 것은 당사자인 인간들이 결정할 문제라고 여겼다.

결국 모든 것은 인간인 자기 자신에게 달려 있는 것이다. 신들이 할 일은 힘겨워하는 인간을 위해 손을 쓰는 게 아니다. 노력하는 인간들에게 힘이 되어 줄 게 있으면 뒷받침해 주는 소극적 역할에 제한되어 있었다. 로마인들은 무조건 바라지 않았다. 무언가를 바라기보다 할 수 있는 최대한의 노력을 했다. 그 시대 로마인이 살아가는 기술은 바라지 않고 노력하는 것이었다.

한때 크게 유행했던 말이 있다. "간절히 바라면 이루어진다." 진짜로 간절히 바라면 이루어질까? 그렇지 않다. 간절함이야 뭐라고 할 게 아니지만 바란다고 이루어지면 세상살이 어렵다고 할 사람 하나도 없다. 이루어진다는 표현에는 그에 필요한 노력이 있어야 한다는 전제가 숨어 있다. 그러나 사람들은 숨어 있는 노력을 보려고 하지 않는다. 바라면 이루어진다는 표피적 어구만 가슴에 지니고 산다. 언젠가는 내가 바라는 게 이루어지겠지 하면서.

비싸도 다이어트 프로그램은 항상 고객이 끊이지 않는다. 살이 쉽게 빠지겠지 하는 간절한 바람이 있는 사람들이 몰리기 때문이다. 쉽고 간단하게 살을 뺄 수 있다는 말을 자신의 기도로 치환한 사람들은 돈이라는 제물을 바치고 빈다. 다이어트 방법은 덜 먹고 운동하고 땀 흘리는 게 최고라는 건 누구나 안다. 그러나 더 편하게 더 쉽게 목적을 이루고 싶어 한다. 고통 없이 큰 대가를 받고 싶은 것이다. 그 결과가 만족스러울 리 없다. 제물은 제물대로 나가고 바람은 이루어지지 않을 가능성이 크다.

'한 권으로 읽는 세계사', '하룻밤에 끝내는 한국사' 같은 책을 한 번쯤은 손에 잡았던 경험이 누구나 있을 것이다. 몇 천 년의 역사를 한 권으로 쉽게 공부할 수 있을 것이라는 계산에 서였다. 아무리 간절히 기도해도 그 한 권으로 고득점을 받을 수는 없다. 하나를 투자해 열을 얻는 방법은 없다. 세상을 어느 정도 살아 보면 땀 흘리지 않고 개미허리가 될 수 없다는 것쯤은 알게 된다. 한 권으로 세계사를 세세히 알 수 없다는 것도 안다. 그럼에도 편하고 쉽고 간단하게 많은 것을 얻으려는 욕심을 버리지 못한다. 로마인이 그 꼴을 보았다면 당장 소리를 질렀을지도 모를 일이다. 바라지 말라고, 땀을 흘리라고.

열풍이라고 하면 지나칠지 모르지만 글을 쓰려는 사람들이 꽤 많다. 글을 쓰려는 이유는 여러 가지다. 누군가에게는 인문학 공부의 한 방편이다. 누군가는 치유의 목적에서다. 또 다른 누군가는 글을 쓴다는 걸 내보이려는 욕심도 있을 것이다. SNS에 멋진 글을 올려 시선 끌고 싶어 하는 사람도 있을 것이다. 더 이상 글이 필요 없을 것 같은 디지털 시대에 글쓰기 열풍은 그렇게 강하게 일고 있다. 옛날부터 명문장은 많은 사람들의 부러움을 샀다. 글을 잘 쓰는 사람은 그 재주로 한 시대를 풍미하기도 하고 후세에까지 이름을 남기기도 한다. 글을 잘 쓰는 건 쉽지 않다. 글재주를 타고난 사람도 힘겨운 연마와 단련의 과정이 필요하다. 그럼에도 빨리 좋은 문장을 구사할 수 있기를 바라는 사람들이 많다. 그렇게 되기를 바라는 마음으로 글쓰기를 배운다.

이렇게 글쓰기 열풍이 불고 있는데 눈앞의 풍경은 역설적이다. 지하철이나 버스를 타면 모두가 스마트폰을 들고 미친 듯 들여다본다. 책을 펴고 보는 사람은 희귀종에 가깝다. 이런 풍경이 일상인 사회에서 글쓰기 열풍이 분다는 게 믿어지지 않을 정도다. 2023년 독서실태조사에 따르면 성인 종합독서량은 1년에 3.9권이라고 한다. 한 달에 0.3권 수준이다. 책을 읽지 않고 책이 팔리지 않는 시대다. 절대적으로 책을 읽지 않는 상황인데 글쓰기를 하고자 하는 사람은 늘어난다. 도저히 연결고리를 찾기 힘든 두 모습이다.

글쓰기를 잘하려면 왕도가 없다고 한다. 다독多讀(많이 읽고) 다작多作(많이 쓰고) 다상량多商量(많이 생각하고)이 최고의 방법으로 꼽힌다. 글쓰기를 하려는 사람이 그렇게 많아도 주변에서 읽고 쓰고 생각하는 모습은 보기 힘들다. 책 읽기는 싫고 글쓰기 연습을 하는 것도 귀찮고 많은 생각을 하는 건 더 싫다. 그래도 글은 잘 쓰고 싶다. 간절히 바라기는 하지만 아무것도 하지 않으며 이루어지기만을 고대한다.

166년 제의를 올리며 마르쿠스 아우렐리우스는 신들에게 빌었다. 역병을 쫓아낼 수 있을 만큼 노력할 테니 도와 달라고. 북방에서 로마 침략을 노리는 게르만족과 맞장을 뜰 테니 도와 달라고. 아우렐리우스는 신의 손으로 역병이 사라지게 해 달라고 빌지 않았다. 게르만족을 물리쳐 달라고 빌지도 않았다. 그건 자신들이 할 테니 도와 달라고만 빌었다.

우리는 바라는 게 많다. 돈, 건강, 가정의 화목, 승진 등등 무언가를 쉬지 않고 바란다. 특별히 무언가를 하지 않으면서

기도하고 열망하고 간절히 기원한다. 그러면 이루어진다는 말을 부적처럼 마음에 붙이고 다닌다. 간절히 바라면 이루어진다고 읊으면서 주저앉아 바라기만 하면 진짜 이루어질까? 그럴 리가 없지 않은가. 로마인들의 기도가 옳다. 원하는 것이 있다면 바라지 말아야 한다. 바라는 마음은 버리고 몸으로 노력해야 한다. 기적을 바라면 평생 헛것을 따라다니다 끝난다. 기적은 저절로 생기는 것이 아니라 일정 부분 만드는 것이다.

언고자 하는 게 있으면 그만한 대가를 치러야 한다. 때로는 불편함 속으로 들어가야 한다. 힘든 게 싫다면 무언가를 얻는 것도 포기해야 한다. 편하게 많은 것을 얻는 방법은 없다. 스티브 잡스는 스탠퍼드 대학교 졸업식 연설을 이런 말로 마무리했다. "배고픔과 함께, 미련함과 함께." 배부른 돼지와 배고픈 소크라테스 중에서 선택해야 한다는 명제는 항상 고민을 유발한다. 어느 쪽도 싫은 사람들은 그 중간쯤에서 현명해 보이는 선택을 한다. 배부른 소크라테스가 되겠다고 힘주어 말하며 만족스러운 웃음을 짓는다. 그건 현명한 게 아니라 고급스러워 보이는 궤변일 뿐이다. 결국은 '배고픈 돼지'가 되고 만다. 조금은 고단하고 조금은 미련하게. 그 길을 지나야 달라진 스스로를 만날 수 있다. '바라지 마라, 땀을 흘려라.' 로마인들이 알려주는 삶의 기술이다.

좋은 것을
먼저 택하자

"사람은 자신의 처지에 친숙해지고,
되도록 불평을 적게 하고, 거기에 유리한 점이 있으면
무엇이든 꼭 붙잡아야 하네."

— 세네카

헬레니즘 시대에 개인들의 최대 과제는 어떻게 행복하게 살 것인가, 어떻게 평온한 삶을 지속할 것인가였다. 그것은 세네카가 살던 로마시대에도 다르지 않았다. 우리가 살고 있는 21세기에도 달라진 것은 없다. 개인의 삶은 항상 같은 목표를 추구한다. 행복하고 평온한 삶이 그것이다. 그러나 사람들은 행복과 평온을 바란다고 말하면서 행동은 전혀 다르게 한다. 정반대의 방향으로 달려가고 불행과 불안 쪽으로 몸을 옮긴다. 기쁜 일과 불행한 일이 있을 때 불행에 먼저 손을 뻗는 사람이 있을까? 있다. 그것도 많다. 우리는 의외로 기쁜 일보다 안 좋은 일에 마음을 싣는다. 기쁜 일을 밀어 놓고 좋지 않은 일을 끌어안고 괴로워한다.

서기 60년경에 쓴 것으로 추정되는 〈마음의 평정에 관하여〉란 글에서 세네카는 이렇게 말한다.

"그러므로 사람은 자신의 처지에 친숙해지고, 되도록 불평을 적게 하고, 거기에 유리한 점이 있으면 무엇이든 꼭 붙잡아야 하네. 담담한 마음으로 위안을 찾지 못할 만큼 괴로운 것은 아무것도 없네."

이 글은 스토아 철학을 실천하며 검소하게 살지만 때때로 마음이 흔들리는 친구 세레누스에게 보낸 글이다. 세네카가 보기에 행복한 사람은 자신에게 주어진 것에서 기쁨을 찾아내는 사람이다. "올바른 판단을 하는 사람은 행복하지요. 현재 상황이 어떠하든 거기에 만족하고 자신의 처지에 친숙해지는 사람은 행복하지요"라고 세네카는 자신의 생각을 말하고 있다. 슬픔과 기쁨이 함께 있을 때 조금이라도 기쁨에 머무는 게 올바른 판단이다. 슬픔으로 뻗은 손을 거두어들이고 기쁨을 움켜쥐어야 한다. 그런 판단이 삶을 행복하게 한다.

이것저것 여러 가지 음식을 앞에 놓고 먹기 시작한다. 먹음직한 것들이 많이 있으니 젓가락이 바빠진다. 그렇게 여러 음식이 앞에 있을 때 어떤 사람은 맛있는 것부터 먹고 어떤 사람은 맛없는 것부터 먹는다. 맛있는 걸 먼저 먹는 사람은 당장 최대의 효과를 노린다. 맛있는 걸 나중에 먹으려는 사람은 기대 효과를 노린다. 둘 중에서 누가 전략적 승리를 누릴 수 있을까. 맛있는 걸 먼저 먹는 사람이 훨씬 큰 만족을 누린다. 나는 음식을 먹을 때 맛있는 걸 나중에 먹는다. 맛에 대한 기대는 물론이고 서서히 맛있는 음식으로 옮겨 가는 재미를 느낄 수 있어서다. 그러나 제대로 그 재미를 느낀 적은 드물다. 재미를 느끼기 전에 배가 부르고 맛의 감동이 뚝 떨어져 버린다. 기대만큼 효과를 본 적이 거의 없다.

중학교 때 군청이 있는 읍내로 학교 행사를 간 일이 있었다. 행사가 끝난 뒤 버스를 타고 돌아오니 저녁 시간이 한참이나 지나 있었다. 늦은 시간에 아이들을 그냥 돌려보내기 미안했는지 선생님들이 근처 중국집에서 저녁을 샀다. 평소 먹기 힘든 짬뽕을 앞에 놓으니 침이 꼴깍하고 넘어갔다. 말 그대로 '이게 웬 짬뽕이냐'였다. 짬뽕에 드문드문 들어 있는 오징어와 홍합은 한입에 먹기가 너무 아까웠다. 면을 다 먹도록 한쪽에 아껴 두고 있는데 옆에 있던 선배가 한마디했다. "너 해물 안 좋아하는구나." 뭐라고 말하기도 전에 선배는 내 오징어와 홍합을 자신의 입속에 연신 넣어 버렸다. 그 허망함과 안타까움이라니.

나이가 들어서도 버릇은 고쳐지지 않았다. 맛있는 음식이 있으면 미루고 미루다 나중에 먹는다. 이게 아니지 하면서도 버릇은 쉽게 바뀌지 않았다. 먹는 것으로만 그치지 않는다. 이런 버릇은 생활 속에서도 그대로 이어진다. 사람이 살면서 만나는 일들은 한쪽 방향이 아니다. 좋은 일만 생기거나 나쁜 일만 생기는 경우는 없다. 좋은 일, 나쁜 일이 섞여 굴러가면서 생활이라는 큰 덩어리가 만들어진다. 지금, 좋은 일 일곱 가지가 있고 나쁜 일 세 가지가 있다고 하자. 그것들이 음식이라고 한다면 어떤 것부터 먹으려 할까? 나는 맛없는 것, 즉 나쁜 것을 먼저 먹는다. 오랫동안 쌓여 온 건 잘 변하지 않는다. 이상하게도 나쁜 일에 집착한다.

뜻밖에도 많은 사람들이 그렇다. 나쁜 일에 더 신경을 많이 쓴다. 나쁜 것들은 오래 질기게 기억한다. 씹고 또 되씹는다. 기분 좋은 일은 빠르게 잊고 기분 나쁜 일은 생생하게 떠올린다. 당연히 생활이 기쁠 리 없다. 더구나 열 가지 중에서 나쁜 일이 일곱 가지나 되는데 어떻게 기분이 좋겠는가. 일곱 가지에 세 가지가 밀리는 건 자연의 이치다. 좋은 것은 제쳐 두고 나쁜 것부터 먹고 되씹는데 살아가는 나날들이 즐거울 리 없다. 좋은 일 세 가지는 존재감조차 없어진다. 그런 일이 있는지조차도 잊어버리고 산다.

반대로 좋은 일 일곱 가지와 나쁜 일 세 가지가 있다고 해 보자. 그러면 어떨까? 상황이 정반대이니 이번에는 기분 좋은 나날이 될까? 그렇지 않다. 아무것도 달라지지 않는다. 이번에는 나쁜 일 세 가지에 집중한다. 나쁜 일이 세 가지나 되는데 어떻게 즐거워지겠는가. 좋은 일 일곱 가지가 맥을 못 춘다. 그건 그냥 있는 일일 뿐이다. 나쁜 일만 신경 쓰이고 그것들이 생각과 생활을 지배한다. 결국 이렇든 저렇든 기쁘지 않다. 항상 그렇다. 그렇게 안 좋은 선택을 할까 싶지만 그게 나 같은 사람들의 방식이다.

여기 밥상이 차려져 있다. 내가 받아야 할 삶이라는 밥상이다. 이 밥상 외에는 다른 음식이 주어지지 않는다. 맛이 어떻든 먹어야 한다. 그 밥상이 부실하고 먹을 게 별로 없다면 어떤 것부터 먹어야 할까? 맛있는 걸 가장 먼저 먹어야 한다. 당장 느낄 수 있는 좋은 맛에 빠져들고 즐겨야 한다. 밥상이 부실해도 조금이나마 풍요로워질 수 있는 방법이다. 빈곤한 밥상에서 기쁨을 찾을 수 있는 방법이다. 먹을 것도 제대로 없는 밥상에서 맛없는 음식을 먼저 먹는 건 바보 같은 선택이다. 맛없는 음식에는 눈도 돌리지 말아야 한다.

맛있는 걸 입에 넣었으면 이제는 천천히 씹어야 한다. 많지도 않은 맛있는 음식을 최대한으로 즐기는 것이다. 씹고 또 씹으면서 만끽해야 최고의 효과를 올린다. 어차피 주어진 밥상이고 언제고 먹어야 할 음식들이다. 먹기 싫은 것을 먼저 먹을 필요가 없다. 누가 아는가. 먹는 중간에 밥상이 바뀌는 행운이 있을지.

내가 받은 밥상이 나의 삶이고, 음식이 좋은 일과 나쁜 일이라고 하면 어떨까? 여태껏 밥상에서 먼저 입에 넣은 것은 맛없는 음식들이다(나쁜 일들이다). 좋은 일이 있음에도 우리는 나쁜 일에 집착한다. 스스로 아픔을 움켜쥔다. 기쁨과 평온함이 드문 일상이라면, 그래서 부실한 밥상 같은 생활이라면 많지 않은 기쁨과 즐거움을 최대한 즐겨야 한다. 아낌없이 빨아 먹어야 한다. 그 작은 것들마저 흘려보내거나 외면하면 일상에는 기쁨이 자취를 감춘다. 별것 없는 인생일수록 맛있는 것부터 먼저 먹어야 한다.

남미 사람들은 낙천적이기도 하지만 삶을 대하는 방식이 다르다고 한다. 그들은 아무리 나쁜 일이 있어도 작디작은 좋은 일에 크게 기뻐한다. 나쁜 일과 좋은 일은 서로에게 영향을 미치지 못한다. 아홉 가지 나쁜 일이 있어도 한 가지 좋은 일에 얼마든지 즐거울 수 있다는 게 그들의 생각이다.

매일 허덕이는 우리 삶에 차려지는 밥상은 풍족함으로 넘치는 경우가 드물다. 항상 모자라고 거칠고 메마른 쪽에 가깝다. 누구에게 줘 버릴 수도 없고 거부할 수도 없다는 게 그 밥상의 특징이다. 내 삶의 밥상이 부실하다면 맛있는 것부터 먹는 습관을 들여야 한다. 아주 작은 기쁨도 맛있게 먹어야 한다. 천천히 씹고 또 씹어야 한다. 맛없는 것은 쳐다보지 말고 맛난 것에 몰입해야 한다. 삶을 맛있게 먹는 방법은 기쁘고 좋은 것들을 먼저 입에 넣고 오래도록 씹는 것이다.

III

감정에
흔들리지 마라

TA EIS HEAUTON
MARCUS AURELIUS

사소한 일은
사소하게 대하면 된다

"다른 사람을 조롱하거나 화를 내거나 해롭게 하는 것은
스스로에게 폭력을 가하는 것이나 다름없다."

— 마르쿠스 아우렐리우스

스토아 철학은 불안한 마음에서 벗어나는 아파테이아apatheia를
이상으로 삼았다. 아파테이아는 외부의 어떤 일에도 영향 받지
않고 흔들림이 없는 마음의 상태를 의미한다. 파토스pathos에
서 벗어나는 것, 즉 정념에서 벗어나 평온한 마음을 유지하는
상태다. 정념은 감정에 따른 생각들이니 아파테이아는 감정에
아무런 마음을 갖지 않게 되는 것이다. 무감정. 감정에 전혀 방
해받지 않는다. 감정에 전혀 흔들리지 않는다. 삶을 불안하게
만드는 모든 감정은 정념이고 정념은 영혼을 병들게 한다. 스
토아 철학에 의하면 정념을 유발시키는 것들은 외부에 있지 않
다. 부딪치는 일들에 대한 생각과 판단이 정념을 만들어 낸다.
결국 정념도 남이 만드는 게 아니라 내가 만들어 낸다. 마음먹

기에 따라 정념에서 얼마든지 벗어날 수 있다는 말이다.

모든 감정에서 벗어나 무감정에 도달하는 건 어떻게 가능할까? 한 번쯤 가서 닿아 보고 싶은 평온한 마음의 상태에는 어떻게 닿을 수 있을까? 스토아 철학은 덕을 따르는 삶을 살고 이성으로 감정을 제어하면 가능하다고 한다. 덕과 이성의 이론적 의미도 이해하기 힘든 마당에 현실적으로 가능할지는 의문이다. 철학은 이론으로 완성될지 몰라도 삶은 이론으로 살아지지 않는다. 아파테이아까지 도달하기 힘들다면 근처에라도 가 보자. 완전한 평온이 아니고 어느 정도의 평온만 얻어도 마음은 한결 편안해진다. 아파테이아에 한 발 더, 무감정에 한 발 더 다가가려면 평온한 마음을 유지하는 기술을 갖춰야 한다.

사람은 감정이 있는 동물이고 감정에 충실하게 사는 동물이기도 하다. 지나치게 감정에 휩싸이면 사람이 감정을 끌고 가는 게 아니라 감정이 사람을 휘두른다. 살아가면서 만나는 온갖 감정에 휘둘리면 마음이 편안하지 않다. 편안하기는커녕 태풍을 만난 작은 배처럼 흔들리고 뒤집어진다. 심하면 깊이를 알기 힘든 어두운 바닷속으로 침몰해 버린다. 마음이 태풍에 휩쓸린 작은 배라면, 속이 뒤집히다가 썩어 나거나 터져 버리게 된다. 누구도 그렇게 되기를 원하지 않는다고 하겠지만 그 말은 거짓말이다. 솟아난 감정에 충성을 다하고 없는 감정도 만들어

내는 게 사람이다.

살면서 만나는 일은 중요한 일, 사소한 일로 나뉜다. 인생을 불편하게 만드는 건 중요한 일들이고, 일상을 불편하게 만드는 건 사소한 일들이다. 일상이 불편해지는 이유는 감정을 상하기 때문이다. 살아가는 동안 우리는 끊임없이 감정을 사용하는데 감정을 소비하는 것에서 그치는 게 아니라 낭비를 한다. 그것도 중요한 일에서가 아니라 사소한 일에서 그렇게 한다. 문득문득 나는 왜 사소한 일에 이렇게 분노하는가 하고 자문하게 되는 건, 그런 까닭이다.

사소한 일에 분노하는 게 못난 사람들만 그런 건 아니다. 시인 김수영도 〈어느 날 고궁을 나오면서〉라는 시에서 "왜 나는 조그만 일에만 분개하는가"라며 자신의 부끄러움을 표현했다. 왕궁의 음탕 대신에 오십 원짜리 갈비가 기름덩어리만 나왔다고 분개하는 시인의 모습은 평범한 사람들과 하나도 다르지 않다. 우리들 역시 직장의 불합리와 사회의 횡포, 권력의 폭력에는 한마디도 하지 않는다. 그러나 점심으로 먹은 갈비탕이 부실하면 온갖 욕설과 경제적 논리를 늘어놓는다. 우리는 사소한 일들과 사소한 감정에 묶여 평생을 산다. 아끼지 않고 물 쓰듯 감정을 낭비한다.

감정은 한없이 유치하고 말할 수 없이 가볍다. 버스가 늦게 온다고 신경질 내고 버스를 타면 자리가 없다고 짜증을 낸다. 내 차 앞에 다른 차가 끼어들었다고, 앞에서 너무 천천히 간다고 불같이 분노한다. 음식이 맛없으면 온갖 불만을 쏟아낸다. 조금만 기분 나쁜 말을 들어도 잠을 이루지 못한다. 상사가 싫은 소리를 하면 부글부글 끓는다. 거의 날마다 감정의 수렁에 빠져든다. 냄비에서 죽이 끓듯 속을 끓인다. 감정에 있어서는 거의 모두가 장애를 지닌 셈이다.

매일같이 속을 태우는 감정들은 사실 어느 하나 대단한 게 없다. 한 시간만 지나면 아무것도 아닌 일들이고 하루만 지나도 잊어버리고 말 것들이다. 사소하고 별것 아닌 일들에 감정을 불러일으킨다. 분노조절장애가 흔히 볼 수 있는 현상이 되어 버렸다. 상상하지도 못했던 별별 일이 눈앞에서 일어난다. 남의 차 앞에 끼어들려면 이젠 목숨을 걸어야 할지도 모른다.

아파테이아의 궁극적 목표는 모든 일을 무감정으로 대하는 것이다. 불행뿐만 아니라 쾌락이나 상처에도 그리고 죽음에도 무감정해져야 한다. 삶에서 일어나는 모든 일들에 무감정해지면 마음의 평화에 이르게 된다. 마음의 평화, 듣기만 해도 평온해지지 않는가? 현실의 삶에서 그런 궁극의 아파테이아가 가능할 것이라고는 생각하지 않는다. 사람으로 태어나고 사람 속에서 사는 이상 무감정으로 모든 일을 대하는 것이 어찌 가능할까. 하루하루를 견디고 살아 내기도 버거운 마당에.

부처가 되려고 절에 가는 사람은 없다. 예수가 되려고 교회에 가는 것도 아니다. 부처나 예수의 가르침에 조금이라도 가까이 가 보려는 것이다. 실천하기 어려운 삶의 자세를 절대자에게 배우려는 것이다. 마찬가지로 완전한 아파테이아를 이루는 것 역시 불가능에 가깝다. 그러나 작은 아파테이아는 불가능이 아니다. 사소한 일에도 솟구치는 일상의 감정에서 살짝 벗어나기. 그런 목표는 실현 가능하다. 당장 하루를 힘겹게 만들고 불편한 삶으로 끌고 가는 작은 감정들에서 한 발 벗어나면 된다. 한없이 유치하고 말할 수 없이 가벼운 일들에 버릇처럼 솟구치는 감정들을 멀리하는 것이다.

다른 차가 앞에 끼어들었다면 여러 선택이 가능하다. 차를 가로막고 싸우기, 욕하고 지나가기, 차라리 비켜 주기. 어떤 것을 택할 것인가. 상황은 똑같고 대응하는 방법은 사람마다 다르다. 선택한 결과에 따라 나에게 미치는 영향도 하늘과 땅처럼 다르다. 외부에서 유발되는 사건은 대부분 내가 통제하고 선택할 수 없다. 거친 말을 입에 달고 다니는 상사, 동료의 비난, 늦게 오는 버스, 아내의 잔소리, 우산도 없는데 쏟아지는 비…… 어떤 것도 내 마음대로 할 수 있는 게 없다. 그러나 그에 대한 대응은 내가 선택하고 통제할 수 있다. 남에게 피를 뿜으려면 먼저 내 입을 피로 적셔야 한다. 날마다 감정을 분출시키는 많은 일들 중에서 내 입을 피로 물들여야 할 만큼 중요한 일은 얼마나 될까?

사소한 일은 사소하게 대하면 된다. 그런 일로 일상을 흔들어 놓을 이유가 없다. 일상을 분노로 채워도 되는 흔하디흔한 것이라고 여기지 말아야 한다. 하루하루가 모여 일생이 될, 더없이 소중한 일상이다. 날마다 감정에 쏠려 분노했다면 평생을 분노 속에서만 살았다는 결론이 나온다. 감정을 낭비하고 있다면 삶을 낭비하는 것과 같다. 결국 그 감정 속에서 계속 살다 죽음을 맞이할 테니까. 사소한 일에는 둔감해지는 연습이 필요하다. 작은 일들을 무시하거나 체념하는 건 회피도 비겁도 무사안일도 아니다. 대응 방법을 달리하는 전략의 변화일 뿐이다.

그 대가로 생기는 보상은 마음의 평온이다. 마음이 평온해지면 몸까지 따라서 편안해진다. 마음의 거스름이 없으니 몸의 리듬도 마찬가지다. 자연스럽게 몸이 가벼워진다. 몸을 지탱해주는 에너지 손실도 적어진다. 작은 일에 분노하고 짜증 내는 데 쓰이던 에너지가 몸에 고스란히 축적된다. 체력이 약하고 기력이 부족하다면 에너지를 필요한 곳에만 써야 일상에 지장이 적다. 감정의 낭비를 막으면 많은 에너지를 낭비하지 않을 수 있다. 감정은 평온을 깨뜨린다. 마음과 몸의 평온을 원하면 감정을 낭비하지 말아야 한다.

감정에 둔해지고, 감정을 끌어들이지 않고, 감정을 불러일으키지 않으면 삶은 평온해진다. 평온한 일상을 사는 기술은 감정에 둔감해지는 것이다. 감정은 발이 없다. 스스로 일어서지 못한다. 감정을 일으켜 세우는 건 자기 자신이다. 흔들지 않으면 감정은 잠에서 깨지 않는다.

결과는
내가 어쩔 수 없는 것

"만일 자연과 조화를 이루는 것이라면 기꺼이 받아들여라.
그러면 삶이 훨씬 수월해질 것이다."

— 마르쿠스 아우렐리우스

스토아 철학은 신의 뜻 혹은 섭리에 의해서 세계가 구성되고
진행된다고 보았다. 신이 모든 것을 결정하고 그 결정대로 모
든 일이 생겨난다는 것이다. 개인은 세계의 한 구성원이고, 섭
리는 운명으로 치환된다. 삶에서 일어나는 일들은 모든 것이
필연이고 결정되어 있다. 개인이 연극배우라면 배역은 신에 의
해 정해진다. 그러므로 개인은 자신에게 부여된 것에 대해 불
평할 이유가 없다. 운명적으로 결정된 것들이기에 삶에서 어떤
일이 일어나도 흔들리지 않고 마음의 평안을 유지해야 한다는
게 스토아 철학의 관점이다.

　말테 호센펠더가 쓰고 볼프강 뢰트가 엮은《헬레니즘 철
학사》에서는 운명론을 조금 다른 시각으로 본다. 모든 것이 결

정되었다면 인간은 아무런 행위도 하지 않을 가능성이 높다. 부유함을 예로 들자면 노력을 해도 안 해도 이루어질 테니 가만히 있으면 된다는 논리가 나오는 것이다. 그래서 스토아 철학은 '노력이 함께 관여하면서' 모든 것이 결정된다는 논거를 웅변했다고 한다. 운명과 노력, 두 가지가 단단하게 엮이면서 개인의 삶이 이루어진다고 보았다.

사람은 살아가면서 때때로 운명론을 믿고 싶을 때가 많다. 노력하지 않고 살아가는 사람은 없다. 모두 나름대로 최고의 노력을 기울이며 산다. 문제는 노력의 배신이다. 기를 쓰고 살아도 꼭 보상이 따라오지는 않는다. 원하는 대로 이루어지는 일은 적다. 원하지 않은 결과가 앞에 놓였을 때 순순히 받아들이는 건 얼마나 어려운가. 그럴 때는 차라리 운명론에 기대고 싶은 마음이 든다. 자신에게 어떤 일이 벌어지든 운명처럼 담담하게 받아들이는 마음 자세는 스토아 철학에서 배워야 할 기술이다.

고위급 공직에 올랐던 친구가 있다. 어느 곳이든 위로 올라갈수록 길은 좁아지고 경쟁은 치열해진다. 권세와 명예가 있는 자리로 가는 길이 쉬울 리가 없다. 한 발 한 발 앞으로 나아갈수록 길은 험해진다. 미끄러져 다시 올라올 수 없는 낭떠러지로 떨어지느냐 더 나아가느냐의 갈림길을 계속해서 지나야 한다. 그런 갈림길에서 미끄러지지 않는다면 최고위직으로 한 발 더 내딛게 된다.

그즈음 넌지시 물어봤다. 최고위급 자리에 욕심이 있느냐고. 대답은 아주 간단했다. 최선을 다한다, 그러나 연연하지는 않는다. 하는 데까지 해 보고 안 된다면 그 이상 마음 쓰지 않겠다는 말이다. 너무 당연한 말이었을지 모른다. 노력이나 능력만으로 되는 자리가 아닐 테니 말이다. 당연한 그 말이 그래도 믿음이 갔던 것은 아무런 기름기 없이 담백했기 때문이다. 겉으로는 담백해 보여도 어딘가 보이지 않는 느끼함이 묻어나는 경우가 꽤 많은데 그렇지 않아서 좋았다. 솔직한 심정이 느껴졌다. 시간이 더 지나고 최고위직 코밑까지 도달했을 때 지나가는 말로 다시 물어봤다. 대답은 더 간단해졌다. 수연낙명隨緣樂命. 이건 뭐지? 뭔지 잘 모르겠어서 뜻을 찾아봤다. '닥쳐온 모든 일들은 인연이 있어서 그런 것이니 즐거운 마음으로 받아들여라.' 최선을 다하지만 연연하지는 않겠다는 말과 다르지 않았다. 그 지점에서 그의 공직 생활은 끝이 났다. 연연하지 않았는지 운명이라 기꺼이 받아들였는지 땅을 쳤는지 나는 모른다. 그렇지만 그런 마음이 보기 좋았다.

"그대에게 주어진 삶과 운명에 엮여 들어오는 모든 것을 더없이 소중하게 여겨라. 그대에게 그보다 더 적절한 것이 무엇이겠는가?"

《명상록》의 한 구절이 낯설지 않다. 어디서 많이 들어 본 말이다. 닥쳐올 모든 일들을 즐겁게 받아들이라던 수연낙명과 같은 의미 아닌가. 이건 또 뭔가. 고대 로마와 중국에서의 삶의 기술이 같았다는 말인가. 소통은커녕 그런 나라가 있는지, 아니 그런 땅이 있는지조차 서로 몰랐을 시기인데 이건 어떤 우연의 일치일까. 스토아 철학의 저작들을 읽어 보면 선불교와 많은 지점에서 닮아 있다는 걸 느낀다. 마르쿠스 아우렐리우스의 《명상록》에 담긴 내용들 역시 다르지 않다. 때문에 오늘을 사는 우리의 가슴을 여전히 흔들어 놓고 충분한 위안이 될 수 있는 것이다.

"로마시대 사람과 내가 누리고 있는 게 뭐가 다른지 모르겠어. 형태만 바뀌었지 기본적 시설은 지금이나 똑같더라니까." 여러 나라의 고대 유적을 가 봤던 후배는 그렇게 말했다. 인간의 기본 생활을 영위하는 기초적 시설과 도구는 고대시대나 지금이나 크게 다르지 않더라는 것이다. 수천 년이라는 시간의 강이 가로막혀 있어도 그 이전에 살았던 사람과 지금 현재를 살고 있는 사람의 사는 모양은 똑같다. 문명이 발달한들 기본은 달라지지 않는다. 먹고 자고 배설하는 기본은 변할 수 없는 인간의 모습이다. 살아가는 것, 생각하는 것, 고민하는 것도 다르지 않을 것이다. 사람 사는 건 어차피 그때나 지금이나 똑같다.

"뭔가 뜻대로 되지 않는다고 불평하지 말라. 만일 자연과 조화를 이루는 것이라면 기꺼이 받아들여라. 그러면 삶이 훨씬 수월해질 것이다."

아우렐리우스의 또 다른 말 역시 같은 의미로 우리를 다독여 준다. 여기서 말하는 자연은 자연스러운 삶의 흐름, 섭리로 생각하면 적절할 것이다. 나의 숱한 노력에도 이루어지지 않는 것들은 마음으로 받아들이라고 말한다. 사는 게 마음대로 되지 않는 건 어제오늘의 일이 아니고 나만 그런 것도 아니다. 삶에서 벌어지는 일들에 대립각을 세우면 갈수록 숨이 차다. 반대로 마음의 거스름을 없애면 숨 쉬기는 한결 편해진다.

수연낙명 또는 "그대에게 주어진 삶과 운명에 엮여 들어오는 모든 것을 더없이 소중하게 여겨라." 최선을 다한다는 것, 그 이상 연연하지 않고 결과를 그대로 받아들인다는 것. 너무 단순하고 지극히 당연한 일이다. 그 단순하고 당연한 걸 실행하는 사람은 드물다. 말은 쉬우나 실천이 어려운 삶의 기술이다. 어떠한 일과 맞닥뜨렸을 때 가장 중요한 건 할 수 있는 데까지 해 본다는 것이다. 최선을 다하는 것은 나의 몫이고 나에게 달린 일이다. 그러나 결과는 나의 몫이 아닌 경우가 많다. 많은 경우에서 결과는 내가 어찌할 수 없다.

최고의 기획서를 만드는 건 내가 할 수 있지만 평가는 부서장이 내린다. 공부를 열심히 했다고 시험 성적이 반드시 좋아지지는 않는다. 그렇다면 어떤 결과가 나오든 별다른 방법이 없다. 그냥 받아들일 수밖에. 할 수 있는 최선을 다한 것으로 나의 몫은 끝났다. 좀 더 힘을 기울이지 않았다면 나의 책임이다. 그러나 할 만큼 하고 이루어지지 않는 건 하늘의 잘못이다. 그때부터는 어떤 결과가 나오든 그 사실을 받아들이는 것만이 나의 몫이다.

한 후배는 아이를 갖기 위해 휴직을 했다. 남들보다 결혼을 늦게 했고 아이를 원했지만 잘 되지 않았다. 임신이 되지 않으면 실제 원인에 관계없이 여자에게 잘못이 있는 것처럼 여기는 고정관념은 아직도 그림자가 진하다. 그런 시선 속에서 후배는 할 수 있는 과정을 모두 거치며 긴 시간을 지나왔다. 과배란 유도, 자연임신 시도, 인공수정, 시험관…… 하나의 단어에 불과한 그 말들에는 수천 개의 단어로도 표현하기 힘든 고통이 담겨 있다. 후배는 아이가 와 주기를 고대하며 에베레스트의 설산들마냥 높고 즐비한 산봉우리를 넘어왔다. 직장을 휴직하면서까지 노력하고 있지만 기다리던 소식은 아직 들리지 않는다.

후배의 노력이 어떤 결과로 끝날지는 모른다. 아이를 기다리는 숱한 노력의 결과가 바라는 대로 이루어지기를 기원할 뿐이다. 그러나 원하는 대로 되지 않는다고 해도, 그건 그의 책임이 아니다. 하늘이 잘못해서 그런 것이다. 사람의 힘으로 할 수 있는 모든 노력을 했다면 그 이상은 사람의 탓이라고 할 수 없다.

우리가 사는 일이 그렇다. 최선의 힘을 기울여도 사람의 힘으로 결과를 만들어 낼 수 없는 것들이 너무나 많다. 최선을 다하고도 원하지 않은 결과를 떠안게 된다면, 할 수 있는 일은 받아들이는 것뿐이다. 그런 결과로 인해 마음을 고통 속에 밀어 넣지 말아야 한다. 나의 힘으로 어찌지 못하는 것 때문에 나를 괴롭히는 것은 아무 의미가 없다. 최선을 다하고도 원하지 않은 결과를 떠안게 되면 이렇게 말하면 된다.

"나는 최선을 다했습니다. 그것으로 만족합니다. 그런데 신이여, 무슨 일을 이렇게 하는 겁니까? 이건 당신의 잘못입니다."

나쁜 감정에서
벗어나려면

"그대를 괴롭히는 것은 그 문제 자체가 아니라
그것에 대한 그대의 생각이며,
그대는 그 생각을 언제라도 그만둘 수 있다."

— 마르쿠스 아우렐리우스

철학자 세네카는 41년에 코르시카 섬으로 추방된다. 클라우디
우스Claudius, B.C.10~A.D.54(재위 41~54) 황제는 세네카가 자신의
조카딸인 율리아 리빌라 공주와 간통했다는 이유로 그를 유배
시켰다. 세네카가 율리아와 간통했다는 것은 누명이라는 의견
이 더 많다. 황후였던 메살리나Valeria Messalina의 음모라는 설
이 힘을 얻고 있다. 코르시카로 유배된 세네카가 다시 로마로
돌아온 것은 49년이니 무려 8년의 시간을 갇혀 있었던 셈이다.
세네카는 유배 생활을 하면서도 후세에 전해지는 많은 저작과
몇 통의 편지를 썼다. 유배지에서 쓴 편지 중에 두 사람에게 쓴
것이 눈길을 끈다. 하나는 아들을 잃고 슬픔에 빠져 있는 마르
키아라는 여인에게 보낸 것이고, 또 하나는 자신의 어머니 헬

비아에게 보낸 것이다.

어머니 헬비아는 세네카가 척박한 땅 코르시카로 유배되자 여러 가지 감정에 휩싸여 힘들어 했다. 아들을 유배시킨 황제에 대한 원망, 아들에 대한 걱정, 자신의 처지에 대한 한탄과 슬픔으로 하루하루를 힘들게 지냈다. 그 일이 있기 전에는 남편이 세상을 떠났고 세 명의 손자도 잃었다. 슬픔에 슬픔이 더해진 상황이었다. 코르시카의 가혹한 환경 속에서 살아야 하는 세네카는 어머니에게 편지를 쓴다. 자신의 유배로 분노와 슬픔, 한탄에 빠져 있는 어머니를 안심시키는 게 일단 급했다. 유배당한 자신은 불행하지 않다고 세네카는 어머니에게 말한다. 사는 장소를 옮긴 것에 불과하다는 말도 한다. 좋을 것이야 없지만 그렇다고 나쁠 것도 없다는 말을 전한다. 그다음에는 수순을 밟듯 어머니를 위로해야 하는데 그는 위로의 말을 하지 않는다. 세네카는 위로 대신 어머니에게 학문에 몰두하라고 권한다. 엉뚱하게도 슬픔에서 빠져나오려면 학문하라는 것이다. 슬픔에 빠진 어머니에게 공부하기를 권한 세네카는 어떤 생각이었을까? 그는 견디는 것만으로는 슬픔에서 빠져나오기 어렵다고 판단했다. 견디는 것보다 현재의 감정에서 벗어나 다른 것에 몰두하는 게 더 나은 방법이라고 여겼다.

어머니의 깊은 슬픔 앞에서도 세네카는 시종일관 차분하다. 차분한 목소리로 어머니에게 이야기한다. 책을 읽고 학문에 빠져 보라고. 학문에 몰두하면 마음의 상처가 잊히고 낫는 것은 물론 고뇌도 없애 준다고 말한다. 슬픔으로 인해 어찌해야 할지 모르는 어머니에게 학문을 하라니. 세네카가 황당하기까지 한 방법을 제시한 것은 그 생각이 스토아 철학에 바탕을 두고 있어서다. 그는 슬픔이나 괴로움 같은 감정에 싸여 있는 사람은 다른 곳을 봐야 한다고 판단했다. 완전히 다른 것에 몰입하는 게 낫다는 생각이었다. 어머니를 마냥 위로하는 것보다 빨리 감정에서 벗어날 수 있는 현실적 방법을 제시한 것이다. 마음의 방향을 바꾸어 현재 상황에서 멀어지는 것이 최선이라고 생각했다. '감정으로부터 벗어나기', 그것이 세네카의 위로이고 기술이었다.

방에 연기가 가득하면 어떻게 하면 될까. 문을 열어 놓으면 된다. 큰 문이 있고 바람이 잘 통하면 연기가 쉽게 빠진다. 문도 작고 바람이 잘 통하지 않는다면 문제는 달라진다. 연기가 빠질 리 없다. 그럴 땐 다른 방법이 필요하다. 지금 있는 곳에서 벗어나 다른 곳으로 가는 것이다. 시간이 지나고 연기가 사라진 뒤에 돌아오면 된다.

사람은 살면서 숱한 감정을 겪는다. 세상살이에서 생기는 감정도 있고 사람과 사람 사이에서 생기는 감정도 있다. 사람은 살면서 만나는 날들의 숫자보다 더 많은 감정의 파도를 견려야 한다. 감정은 몸과 마음을 사정없이 흔들어 댄다. 분노에 치를 떨고, 슬픔에 가슴을 베이고, 미움에 괴로워하고, 시샘에 속앓이를 한다. 어디 그뿐이랴. 시도 때도 없이 벌어지는 일들로 생겨나는 감정들은 아플 정도로 마음을 휘젓곤 한다. 그렇게 온몸에 달라붙어 있는 감정의 덩어리들을 피해 가는 길은 없을까?

심신이 흔들릴 때는 '벗어나기'가 때로 유용한 기술이 된다. 여기서 방은 나 자신이고 연기는 감정이다. 나라는 방에, 감정이라는 연기가 쏟아져 들어와 가득 찬다. 연기가 가득 찬 방에선 숨을 쉬기 힘들다. 그대로 계속 있다면 질식사할 수도 있다. 방문을 열어도 연기가 쉬이 빠지지 않는다면 방 밖으로 나와야 한다. 연기로부터 벗어나 멀어지는 것이다.

스토아 철학은 감정이 스스로에게 달린 문제라고 규정한다. 아우렐리우스는 감정은 외부의 문제가 아니라고 말한다.

"오늘, 나는 근심에서 벗어났다. 아니 근심을 내 안에서 몰아냈다. 근심은 외부에 있는 것이 아니라 내 안에 있었고, 내 생각에 달려 있었다."

"만일 그대가 외부의 문제로 고민하고 있다고 하자. 그대를 괴롭히는 것은 그 문제 자체가 아니라 그것에 대한 그대의 생각이며, 그대는 그 생각을 언제라도 그만둘 수 있다."

감정이 생기는 건 나에게 일어난 사건 자체나 외부 상황 때문이 아니라는 걸 강조하고 있다. 그것을 보고 받아들이는 나의 생각이 감정을 만들어 낸다는 것이다. 감정은 외부의 누구 또는 어떤 사건 때문이 아니라 나 자신이 일으키는 것으로 귀결된다.

같은 상황에서 사람의 반응은 천차만별이다. 누구는 크게 분노하고 누구는 작은 분노로 끝난다. 또 누군가는 아무 일 아니라는 듯 스쳐 지나간다. 차이는 어디에서 생기는 것일까? 서로 받아들이는 방법이 다르고 대응하는 방식이 달라서 그렇다. 그런 차이는 감정의 크기를 다르게 만든다. 같은 상황에서 그에 대한 감정의 형태와 크기가 사람마다 다르다면, 결국 외부의 문제가 아닌 자신의 내부 문제라는 스토아 철학의 말은 타당하다. 나의 짜증과 분노는 저 놈 때문이 아니라 저 놈을 보는 내 시선과 생각에 있다. 어떻게 반응할 것인가는 내가 선택할 수 있다. 감정의 해소를 외부가 아닌 내부에서 찾아야 하는 이유다.

"주는 거 없이 미워." 이를 바득 갈 것 같은 표정으로 말하는 사람은 그 미움에 자기가 다치게 된다. 상대방은 아무렇지도 않게 생활하는데 혼자만 힘들어한다. 스스로 감정을 일으키고 스스로를 괴롭힌다. 상대방의 언행 때문에 화가 솟구치는 사람도 마찬가지다. 일은 벌어졌고 상대방은 지나가 버렸는데 자기만 화에 휩싸인다. 불같은 기운이 몸과 마음을 파고드니 힘들어진다.

살면서 감정에 시달리지 않는 것은 불가능하다. 사람으로 태어난 이상 피할 수 없다. 그렇다면 조금이라도 빨리 감정을 해소하고 피해 가는 방법을 찾아야 한다. 감정을 일으키는 것은 자기 자신이라고 스토아 철학은 말한다. 스스로 일으키지 않으면 감정이 생기지 않는다고 한다. 무엇보다 우선은 좋지 않은 감정이 생겨나지 않게 하는 것이고 이미 생겨난 감정에서는 빨리 벗어나는 게 좋다. 미움이라는 연기가 가득 차 있으면 마음도 몸도 힘들 수밖에 없다. 그럴 땐 방에서 벗어나야 한다. 멀리 떨어져서 외면해야 한다. 내 마음에 그런 일이 없었던 것처럼 고개를 돌리는 것이다. 세네카의 말처럼 다른 일에 몰두하는 것은 좋은 방법이다.

감정은 외부에서 오지 않는다. 스스로 만들어 낸다. 똑같은 일에 옆 사람은 히죽 웃고 나는 인상을 쓴다고 해 보자. 둘에게 생겨난 감정이 다른 것이다. 나의 감정을 다스릴 수 있는 사람은 나밖에 없다. 나 자신이 받아들이고 만들어 가는 대로 된다. 힘들 정도로 감정이 생겨났다면 모른 척 외면하라. 마음

속에 아무 일도 없었던 것처럼 다른 곳을 쳐다보고 다른 일에 몰두하라. 방에 연기가 들어오면 밖으로 나가야 한다.

지금의 일상이
내 인생이다

"우리가 소유하고 있는 것은 현재밖에 없다."

— 마르쿠스 아우렐리우스

마르쿠스 아우렐리우스는 《명상록》에서 '지금'을 살라고 되풀이해서 말한다.

"우리가 소유하고 있는 것은 현재밖에 없다."

"오래 살거나 짧게 살거나 다 매한가지다. 현재의 순간은 누구에게나 다 같은 시간이고, 우리가 소유하고 있는 것은 현재밖에 없기 때문이다."

아우렐리우스는 로마 황제로 제국의 운명을 날마다 걱정하고 제국의 미래를 다지기 위해 전쟁터를 전전했지만 개인의 삶으로는 철저히 현재를 살았다.

　그는 끊임없이 '오늘'과 '지금'을 말한다. 사람이 가진 것은 지금이라는 순간밖에 없고 지금을 제대로 살지 못하면 인생을 제대로 살지 못한다고 말하고 또 말한다. 그는 살아 있는 순간을 지금 가지고 있는 절대치로만 보았다. 오래 살거나 짧게 살거나 매한가지라는 말은 지금이라는 순간을 잃는다는 점에서 오래 산 사람이나 짧게 산 사람이나 결국은 같다는 뜻이다. 살아온 시간의 길이조차 무시한다. 지금을 잃어버리는 것에만 초점을 맞추어 말한다. 지금을 잃으면 모든 것을 잃는다는 것이다. 지금 살고 있는 시간이 인생의 전부라는 외침이다. 오늘이 없다면 내일이 있을 리 없고, 내일은 어떻게 될지 아무도 모른다.

　"그 김치냉장고 못 쓰겠더라고." "그러게요, 얼마나 됐다고 벌써 김치가 쉬어 버리네요." "돈 좀 아끼려고 싼 걸 샀더니 그 모양이네. 그 많은 김치를 어떻게 할까 몰라." "물김치가 맛있게 됐는데 아깝게 됐어요."

　"이 식당은 밥값이 싸지도 않은데 음식 맛은 그냥 그러네요." "식당은 그럴듯하게 꾸며 놨는데 맛은 영 그럴듯하지가 않아."

　"그런데 말이지, 전이가 많이 됐으면 어떡하지. 검사를 해 보고 상황이 안 좋으면 수술을 하지 않을 생각이야."

갑자기 말소리가 잦아든다. 이리저리 옮겨 다니던 젓가락도 속도가 늦어진다. 저녁을 먹는 중이다. 내일은 여기에 앉아 있는 사람 중 한 사람이 암 검사를 받는다. 암이라는 진단은 이미 나왔다. 상태가 어느 정도인가를 확인하는 일만 남았다. 의사는 범위가 제법 넓다고 하면서 검사해 보기 전에는 어떤 예측도 어렵다고 했다. 검사하고 곧이어 수술을 해서 확인할 때까지는 제대로 알기 힘들다는 말이다. 내일 검사를 앞두고 모여서 저녁을 먹는 중이다. 수술하고 나면 먹고 싶어도 못 먹을 텐데 많이 먹으라면서 농담인지 안타까움인지 모를 어색한 웃음을 나누기도 했다. "확 번졌다고 하면 수술도 항암 치료도 하지 않으려고 해." 나름대로 많은 생각을 하고 하는 말이리라. 그럼 어떻게 하겠다는 것인가. 그냥 그대로 마지막을 받아들인다는 말인가. 오가며 이어지던 말들이 조용히 허공으로 흩어져 버린다.

어느 누군가의 남은 시간이 얼마일지 아무도 모르는 그때, 우리는 쉬어 버린 김치와 실망스러운 김치냉장고와 가격에 비해 맛없는 음식에 대해 꽤나 길게 이야기했다. 그리고 잠깐 암이라는 병에 대해서 이야기했다. 저녁을 먹고 돌아오는 길에 그런 자리에서 김치와 음식 맛에 대한 이야기를 나누는 게 적당한 것이었을까 하는 생각이 들었다. 그렇다면 어떤 말을 하면 좋았을까? 어쩌다 그렇게 되었느냐고 걱정 가득한 얼굴로 계속 물어봤어야 할까? 결과가 안 좋게 나오면 어떡하냐고 울기 직전의 표정을 짓기라도 했어야 할까?

내가 만약 암 검사를 받는 당사자였다면 검사를 하루 앞두고 무슨 이야기를 나누었을까. 통일? 끝내지 못한 업무? 나라 걱정? 경제 성장? 글쎄, 지금 눈앞에 있는 음식의 맛, 낮에 보았던 좋아하는 꽃의 아름다움, 치료비는 얼마나 들까 하는 어림 계산, 아이는 집에서 혼자 잘 놀고 있을까 하는 걱정, 구름 한 점 없이 맑았던 하늘…… 그런 것을 이야기하지 않았을까.

한 사람이 삶을 마무리하는 것은 모든 것의 소멸을 의미한다. 사라지는 개인에게는 이 세상이 끝나는 것과 같다. 모든 것이 막을 내리기 때문이다. 자신과 끈을 잇고 있던 삶의 모든 것들이 끊어진다. 우리의 삶이 끝나는 순간이 되면 어떨까. 매일매일 살아가는 일상과는 다른 무언가가 있을까.

생의 마지막 날이라고 해서 특별히 다르지는 않을 것이다. 떠나는 순간이 되었다고 특별한 장면이 펼쳐지지도 않을 것이다. 병으로 떠나든 사고로 갑자기 떠나든 예상하고 떠나든 뜻밖의 일로 떠나든 마찬가지다. 사람은 자신이 살던 일상을 살다 떠난다. 그렇기에 일상은 일생과 같다. 지금 살고 있는 일상은 내가 살고 있는 모든 인생이다.

삶은 일상에서 벗어나지 못한다. 죽음의 순간도 결국 일상을 살다 맞게 된다. 편히 잠들었다가 눈뜨지 못하고, 분주히 일하다 병원에 실려 가서 깨어나지 못하고, 즐거운 여행을 떠났다 돌아오지 못할 수 있는 것이다. 잠들고, 일하고, 여행을 가는 것은 단순한 일상이다. 하찮은 일상 속에서 사람은 떠난다.

꼭 하고 싶은 무언가를 누구나 몇 개씩은 가지고 있다. 단순한 것도 있고 마음속에 숨기고 있는 평생의 꿈같은 것들도 있다. 단순하고 쉬운 일이든 어렵고 실현하기 힘든 일이든 언젠가 그것을 할 수 있을 것이라고 여긴다. 농담처럼 죽기 전에는 할 것이라고 말한다. 그 말은 자칫하면 정말 농담으로 끝나 버리고 만다. 지금 하지 않고 있다면 그걸로 끝이 될 수도 있다. 살고 있는 이 시간이, 살아가고 있는 현재의 일상이, 사람이 가지고 있는 모든 일생이다. 지금 살아 내면 일상이 되고 인생이 되지만 미루어 두면 내 것이 된다는 보장은 신도 해 주지 못한다.

삶을 사랑한다면 가까이 보아야 한다. 일상을 보아야 한다. 지금 이 순간인 일상도 제대로 살아 내지 못하면서 멀리만 내다보는 건 자기기만이다. 현재가 만족스럽지 않으니 미래에 대한 기대로 스스로를 속이는 것이다. 미래가 기쁠 것이라는 건 확정된 사실이 아니다. 그 미래도 시간이 지나면 또 다시 기쁘지 않은 현재가 되어 버린다. 결국 문제는 현재다. 다가올 시간을 기대하지 말고 만족스럽지 않은 지금을 만족스럽게 살아야 한다.

일상을 이어 놓은 것이 하루이고, 하루를 이어 놓은 것이 평생이고, 순간을 이어 놓은 것이 세월이다. 하루가 없으면 평생이 없고 순간이 없으면 세월도 없다. 평생이라는 캔버스를 앞에 놓고 그리고자 하는 그림이 엄두가 나지 않으면 캔버스를 바꾸어야 한다. 하루라는 작은 캔버스로 바꾸고 눈앞에 주어진 일상을 그리면 된다. 감당하지 못하는 큰 그림 앞에서 허우적대기보다는 작은 그림을 충실하게 그리는 것이 더 낫다. 가까이 보이는 삶을 사랑해야 한다. 평생을 기쁘게 사는 건 어려워도 하루를 조금이라도 더 기쁘게 사는 건 어려운 일이 아니다.

누구나 지금 살아가는 이 상태로 죽는다. 밥을 먹고, 산책하고, 일하고, 주변 사람과 안부를 나누고, 화를 내고, 웃음을 짓고, 잠을 자고, 별것 아닌 일상을 살아가는 중에 모든 것은 끝난다. 대단히 특별하고 무언가 다른, 준비된 마지막이 있을 거라 기대할 수도 있다. 그러나 마지막은 지금과 똑같은 일상 속에서 다가올 것이다. 어느 날 아침에 길을 나섰다 저녁을 보지 못하는 경우도 있다. 준비하고 떠나는 사람은 많지 않다. 일상을 살다가 불현듯 일생이 끝난다. 그러니 일상이 일생이다. 오늘 살아 낼 수 있는 일상을 잘 사는 게 일생을 잘 사는 기술이다.

기쁨은
손 닿는 곳에 있다

"자기 발밑에 있는 훌륭한 것은 보지 못한 채
헛된 것을 좇다가 언제나 손 닿는 곳에 있는
행복을 놓쳤던 사람들을 생각해 보라."

— 마르쿠스 아우렐리우스

로마시대에 노예라는 단어의 의미는 간단했다. 사람으로 대우받을 수 없다는 말의 다른 표현이었다. 노예 계급은 사람이 아니라 물건과 같은 취급을 당했다. 주인이 마음대로 언제든 어디에든 팔아 버려도 되는 것이었다. 힘들고 어려운 일은 모두 노예들 차지였다. 부유한 귀족들은 수백 명의 노예를 거느렸고 노예의 숫자는 부의 상징이 되었다. 그나마 다행인 것은 주인이 노예 신분에서 해방시켜 주면 해방 노예로 자유인이 될 수 있었다는 점이다. 노예는 몇 가지 통로로 공급됐다. 노예 부모에게서 태어나는 게 그 하나다. 속주屬州와의 전쟁에서 붙잡힌 포로들이 노예 시장에 나오거나 가난 때문에 자유로운 신분에서 노예로 전락하는 경우도 있었다. 어떤 방식이든 로마에서 노예가 된다는 건 최고의 불행이었다.

에픽테토스는 태생이 노예였다. 그에게는 어떤 미래가 있었을까. 한쪽 다리에 장애까지 있는 그로서는 미래라고 부를 만한 게 없었다. 미래 없는 그가 온 힘을 기울여 살아야 하는 건 현재밖에 없었으리라. 환경도 그러했지만 노예의 신분으로 철학을 좋아했던 그는 자신이 가질 수 있는 최고의 것, 현재를 사는 데 충실했다. 해방이라는 행운이 찾아왔을 때 그 충실함으로 철학자의 길을 걸었고 최고의 스토아 철학자가 되었다.

마르쿠스 아우렐리우스 또한 항상 현재를 살려고 노력했다. 그는 빈한하거나 부족한 게 많아서 안분지족하려 현재에 매달린 게 아니다. 세상의 모든 것을 소유한 황제였지만 삶의 본질적 의미와 기쁨을 찾으려 했다.

산다는 건 지금 지니고 있는 것, 나에게 있는 것들을 최대한 살아 내는 것이다. 미래에 있거나 멀리 있는 것들을 따라다니는 게 아니다. 지금 내 앞에 즐거움이 있다면 탐닉하고, 슬픔이 생기면 이겨 내고, 고난이 가로막으면 싸우는 것. 그게 현재를 사는 충실함이다. 조금이라도 더 기쁘게 삶을 살아 내고 끌어가는 것, 현재를 살아가는 건 그런 것이다. 현재를 외면하고 발밑에 있는 걸 놓친다면 기쁨도 행복도 없다.

파출소가 있는 사거리를 건너자마자 세상이 달라졌다. 양쪽으로 자리한 아파트 단지 가운데를 가르고 있는 2차선 길. 그 길을 따라 늘어선 가로수에 눈송이처럼 벚꽃이 달렸다. 한겨울 나무 위에 내려앉은 함박눈보다 더 탐스럽다. 집 앞에 이런 멋진 풍경이 있었다는 게 믿어지지 않는다. 지친 퇴근길임에도 입이 벌어지고 얼굴에는 슬쩍 미소가 번진다. 작디작은 공원 입구에 선다. 그냥 지나치기에는 아까운 풍경이다. 즐겨야 한다. 벚꽃이 터져 오르는 것처럼 모처럼 달아 오르는 마음속의 춘심을 즐겨야 한다. 아줌마 몇 명이 이야기를 나누고 있는 벤치 한쪽에 엉덩이를 내려놓는다. 혼자 공원 벤치에 앉는 중년남자를 보고 뭐라 생각할까. 그건 내가 알 바 아니다. 지금 중요한 건 흐드러진 꽃이니까. 고개를 들어올린다. 꽃이 하늘을 가렸다. 좋다. 슬쩍 아줌마들 눈치를 보며 떨어진 꽃잎을 몇 개 주워 든다. 꽃을 손에 들어 본 게 언제더라 싶다. 달뜬 봄날 저녁에 색다른 모습이 되어 본다. 꽃을 든 남자.

전국 곳곳에서 유명한 벚꽃 축제가 열리지만 그것 못지않은 벚꽃 축제가 집 앞에 있었다. 규모로 따지면 비교할 수 없지만 벚꽃을 즐기기에는 충분했다. 가까이 있는 것들의 대표적 특징 하나는 무시당한다는 것이다. 손 뻗으면 언제든 닿을 수 있고 손에 넣을 수 있기에 그렇다. 손쉽게 가질 수 있으면 그 가치를 평가절하 한다. 속초 바다는 언제 가 봐도 시원하고 멋지다. 속초 등대에서 내다보는 새파란 물결의 동해 풍경은 눈이 시리다. 낙산 앞바다의 파도와 모래사장은 낭만이 가득하고 낙산사의 고즈넉함도 놓치기 아까운 풍경이다. 많은 사람들이 그 풍경을 좋아하고 찾아간다. 그러나 정작 속초 출신인 후배는 속초 바다나 낙산사를 가지 않는다. 학교 다닐 때 소풍을 가면 낙산사였고 잠깐 버스를 타면 닿는 곳이 속초 앞바다였다. 항상 옆에 있던 것들이라 감흥이 생기지 않는다고 한다. 풍경 멋진 속초 바다가 무시당하는 꼴이다.

원하는 것과 원하지 않는 것의 가장 큰 차이는 거리다. 무엇이든 손 닿기 힘들고 내 것이 아니면 그럴듯해 보인다. 가까이 있는 내 것은 초라하고 시시해 보인다. 마음에 들지 않는다. 살면서 찾고자 하는 기쁨 역시 마찬가지다. 멀리 있는 기쁨은 대우받고 가까이 있는 기쁨은 외면당한다. 단지 가까이 있다는 이유만으로.

내 기쁨을 누가 만들어 주지 않는다. 가장 빠르게 그리고 쉽게 기쁨을 취할 수 있는 방법은 주변에 놓인 것들을 찾아내는 것이다. 발밑에서 줍는 것. 그게 기쁨을 구하는 기술이다. 기쁜 것들은 모두 가까이에 있다. 가까워서 무시당하고 있었을 뿐, 모든 기쁨의 근원은 가까이 있는 것들이다. 원할 때는 언제든 손을 뻗어 주워 올리면 된다. 허리를 살짝 굽히는 수고만 하면 된다.

사람들은 금광이라도 발굴하는 것처럼 기쁨과 재미를 찾아다닌다. 뭐 좋은 일 없어? 뭐 재밌는 거 없어? 그렇게 원하는 좋은 것, 재미있는 것을 결국 찾아냈다는 사람을 본 적이 없다. 많은 사람들이 강산이 변하고 또 변하도록 금광을 찾아 온갖 곳을 돌아다닌다. 그럼에도 등에 금덩어리를 가득 지고 나타난 사람은 없었다. 지나치게 먼 곳으로 눈을 돌리는 바람에 기쁨도 구하지 못했고 재미도 손에 넣지 못했다.

　　크고 짜릿한 기쁨은 매력적이다. 같은 값이면 다홍치마고, 같은 값이면 검정소 잡아먹고, 작은 기쁨보다는 큰 기쁨이 나은 것이다. 먹고 살 걱정 안 해도 될 만큼 돈을 왕창 벌었으면 싶고 복권 1등에 당첨되기를 바란다. 셀럽이 되어 세상의 시선을 받고 유명세에 시달려 보고도 싶다. 그렇게 아름답다는 사막의 밤하늘을 보는 건 어떤가. 세상의 끝이라는 우수아이아Ushuaia에서 싸고 맛있는 스테이크를 먹고, 날씨 좋은 봄이면 한 달쯤 유럽 여행을 떠나고 싶다. 그게 어렵다면 넉넉하게 한 달 동안 제주 올레길이라도 걷고 싶다.

　　원하는 기쁨이 이렇게 많은데 취할 수 있는 것은 하나도 없었다. 그런 기쁨은 내 것이 되지 않았다. 누릴 방법도 없었다. 그 많은 것들은 기쁨일까, 허상일까? 현실이라는 땅에 발을 딛고 보면 허상에 가깝다. 허상을 따라 살 수는 없는 일. 그래서 손에 닿는 기쁨을 찾아 나선다. 나에게 현실적 기쁨을 준 것들은 이런 것들이다. 커튼 사이로 주말 아침을 알리는 희미한 새벽빛, 느긋한 아침 식사, 길 하나 건너면 닿는 주말농장, 아파트 앞 라일락의 진한 향기, 바람에 흔들리는 뒷산의 짙은 나뭇잎들, 쉴 새 없이 떠드는 아이의 수다……. 시시해 보이는 그것들보다 더 기쁨을 주는 게 얼마나 되는지 나는 잘 모르겠다. 그 이상 구할 수 있는 기쁨이 나에게는 별로 없다.

발밑에서 줍기만 하면 되는 것들이었다. 너무 가깝고 너무 흔하고 너무 익숙해서 별것 아니라고 제쳐 놓은 것들이 기쁨이었다. 젊은 시기에는 자기에게 주어진 원 밖으로 튀어 나가고 싶어 한다. 강한 원심력의 지배를 받는다. 한 발이라도 더 멀리 밖으로 밖으로 나가고 싶다. 나이가 들면 그 힘은 구심력으로 바뀌어야 한다. 젊을 때와는 반대로 안으로 안으로 다가서야 한다. 먼 곳을 바라보던 망원경을 내려놓고 맨눈으로 보아야 할 곳은 발밑이다. 나이가 제법 들었는데도 밖으로부터 얻어지는 욕망에 집착하는 건 지혜롭지 못하다.

행복을
스스로 정의하자

"그대는 여기저기 찾아 헤맸지만 행복을 발견하지 못했다.
그렇다면 행복은 어디에 있는가?"

— 마르쿠스 아우렐리우스

스토아 철학이 일관되게 말하는 것은 외적인 상황보다 자신의 내적인 태도가 더 중요하다는 점이다. 행복도 그와 같아서 스토아 철학은 외부 정황들이 아닌, 내면적 마음가짐에 행복이 달려 있다고 말한다. 또한 개인이 원하는 것을 스스로 결정했을 때 행복할 수 있다고 한다. 행복과 불행이 갈리는 것은 누가 주체적으로 행하느냐에 좌우된다.

마르쿠스 아우렐리우스는 명성을 원하는 사람들의 행복은 다른 사람들에게 달려 있다고 말한다. 쾌락을 구하는 사람들의 행복은 통제할 수 없는 감정에 좌우된다고 말한다. 밖에서 구하는 것들은 내가 할 수 있는 게 별로 없다. 내가 찾는 행복이 남들이 쥐어 주어야 가능한 것이라면 원하는 대로 취하기는 불가능하다. 나에게는 아무런 선택권이 없다. 외부에서 주어지지 않으면 빈손이다. 그래서 아우렐리우스는 자신의 내면으로 들어가 행복을 찾으라고 권한다.

밖에서 주어지는 행복은 사람을 노예로 만든다. 사회적으로 강요당하는 조건들에 맞춰야 하고, 남들이 말하는 행복의 기준을 따라다녀야 한다. 그것은 행복과 멀어지는 길이다. 어떤 것이 행복인지, 어떻게 하면 행복해지는지 스스로 결정하면 끌려다니지 않고 끌고 다닐 수 있다. 내면적으로 원하고 현실적으로 가능한 것들을 주체적으로 선택할 수 있다.

개개인의 내면적 태도를 스스로 조절하고 설정하면 외부적 요건이 나의 행복을 좌우하지 못한다. 가난에 찌든 사람이나 투병 생활에 지친 사람이 또는 사회적 패배자로 보이는 사람이 행복하다고 말하는, 전혀 불가능해 보이는 것들이 가능한 것도 그런 이유다. 행복은 삶의 성공이나 실패에 달려 있지 않다. 한때의 좌절이나 실패가 무조건 불행으로 이어지고 절대 벗어나지 못하는 불행의 수렁으로 빠지게 하지 않는다. 만일 그렇다면 세상의 누구도 행복할 수 없다. 그런 외적 요건보다는 행복을 누가 만들고 끌어가느냐가 많은 것을 달라지게 한다.

"당신은 행복한가"라는 질문을 받았다면 뭐라고 대답할 수 있을까. 입이 잘 떨어지지 않는 게 일반적이다. 행복한가?

아닌가? 어떻게 대답해야 할지 헷갈린다. 나는 행복한가 스스로 물었을 때도 그렇다. 자기 자신에 대한 걸 스스로에게 묻는 건데도 정작 대답하지 못하는 묘한 상황이 된다. 평소 익숙하지 않은 질문이다 보니 그게 무슨 야살스러운 소리냐 싶기도 하고, 먹고살기 힘들어 죽겠는데 무슨 개뼈다귀 같은 소리냐 싶은 생각도 든다. 성의를 다해 대답하려고 해도 결과는 다르지 않다. 어떤 대답을 해야 할지 모른다. 대답을 못하는 이유는 간단하다. 행복이 무엇인지 모르기 때문이다. 행복이 뭔지 모르니 행복한지 아닌지 알 수가 없다. 그 질문에 답하려면 행복이 뭔지를 먼저 알아야 한다.

행복이 무엇인지 당신은 아는가? 나는 잘 모른다. 다른 사람들은 잘 알까? 대개의 사람들 역시 행복이 무언지 잘은 모르는 것 같다. 알고 있어도 장님 코끼리 만지듯 두루뭉술하고 막연해 보인다. 한국에는 공식적으로 이름을 붙인 '행복도시'도 있고 어떤 대통령은 '국민행복시대'를 부르짖으며 임기를 시작했다. 사람들은 너도나도 행복을 찾아다닌다. 인생 최대의 목표는 행복이라고 외친다. 행복이 어디에나 널려 있는 듯 보인다. 이런 시대에, 행복하지 않다고 하면 잘못이라도 저지르는 것 같고 남들보다 한참 뒤처지는 느낌까지 든다. 행복은 흔해 보이는데 그 모습은 신기루와 비슷하다. 도대체 행복이란 뭘까.

사전의 힘을 빌려 보자. 사전에는 "생활에서 충분한 만족과 기쁨을 느껴 흐뭇함. 또는 그러한 상태"라고 되어 있다. 행복이 무언지는 알았다. 다시 묻자. 당신은 행복한가? 아니면 나는 행복한가? 헷갈리기는 마찬가지다. 사전의 뜻이 잘 느껴지지 않는다. 머리로는 이해가 된다고 해도 그게 어떤 상태인지 감이 오지 않는다.

세상에서 말하는 행복의 의미를 도무지 체감하기 힘들어서 나는 선천적으로 행복하기 힘든 사람이라고 생각하기도 했다. 실제 과학적으로 인간이 행복감을 느끼는 가장 큰 요인은 유전자라고 한다. 태어날 때 선천적으로 결정된다는 뜻이다. 나는 부정적이고 비판적이며 불평이 많다. 애초부터 행복하게 살기 힘들다는 말이다. 평생 행복하게 사는 건 더더욱 어려울 거라는 말이다. 행복하게 살아 보고 싶어도 행복을 느끼는 유전자가 많이 부족한 태생적 한계가 발목을 잡는다. 억울한 일이다. 그렇다고 불평불만 속에서 허우적거리다 갈 수는 없다. 그건 더 억울할 테니까.

살아온 시간을 더듬어 행복을 찾아봤다. '충분한 만족과 기쁨'을 찾아 기억을 더듬었다. 그런 감정을 느꼈던 때가 있었던가. 떠오르지 않는다. 아주 없지는 않았을 텐데 기억에는 없는 듯했다. 그만큼 그런 순간이 드물었다는 것이다. 행복한 적이 없었거나 있었다 해도 느낌 없이 지나갔거나, 둘 중 하나일 것이다. 이쪽이든 저쪽이든 불감증인 건 분명하다. 행복불감증. 그 정도로 행복에 서툴다는 건 반가운 일이 아니다.

서툴러도 살면서 포기할 수 없는 것들이 있다. 밥벌이, 사회생활, 인간관계……. 살기 위해서는 방법을 찾아야 하는 것들이다. 잘 마시지도 못하는 술을 억지로 마시기도 한다. 행복은 억지로라도 찾으려 해 본 적이 없다. 불행과 분노 속에서 살기를 원치 않는다면 행복도 포기할 수 없는 것 중의 하나가 돼야 한다. 행복의 느낌에 서툴다면 나만의 느낌을 찾아낼 필요가 있다.

기억의 더듬이에 잡힌 순간들이 있었다. 일상에서 기뻤던, 좋았던 순간들. 아 좋다, 마음속에서 그런 소리가 나오는 순간들. 나에겐 평온함이 느껴지는 순간순간들이 그랬다. 그 순간들에는 공통점이 있었다. 가벼움. 마음이 가벼워질 때가 편하고 좋았다. 마음이 가벼워지는 상황과 시간, 그 편하고 좋은 순간을 나는 행복이라고 부르기로 했다. 거센 희열이나 치솟아오르는 환희가 아니고 대단한 성취 같은 것도 아니다. 원하던 모든 것이 완벽하게 갖춰져서 기쁨으로 터질 것 같은 상태도 아니다. 그런 상태가 영원히 오지 않는다는 것쯤은 아는 나이가 되었다.

마음이 조용해지고 부대끼지 않으며 몸 역시 편안한, 그래서 마음도 몸도 가벼운 순간. 그 순간이 불감증 환자가 찾아낸 행복의 느낌이다. 가벼워지는 것은 모두 행복이다. 돈벼락을 맞아서 행복한 건 돈 때문이 아니라 생계의 무게가 가벼워져서다. 친구들을 만나서 기분이 좋아지는 건 마음의 가벼움 때문이다. 여행은 일상의 무게를 잠깐이라도 가볍게 털어 낼 수 있기에 좋다. 숨 가쁘던 일이 끝난 뒤의 점심시간은 가벼워서 편안하다. 마음속 이야기를 터놓을 수 있는 작은 모임은 부담이 없기에 마음 또한 가벼워진다. 마음과 몸이 가벼워지는 그런 순간순간들이 나에게는 행복이다.

'당신은 행복한가'라는 질문에 대답하지 않아도 된다. 꼭 대답해야 할 이유는 없으니까. 그런데 언젠가 한 번쯤은 스스로에게 묻고 스스로에게 대답해 줘야 하는 때가 있다. 남이 아니라 자기 자신에게. 그때는 외면할 수 없지 않을까.

그 질문에 대한 답이 필요했다. 행복불감증의 동굴에 갇혀 살고 싶지 않았다. 세상에서 말하는 행복한 삶을 살지는 못할지라도 나만의 평온함을 찾고 싶었다. 삶을 죄고 있는 많은 것들로부터 가벼워지는 것. 마음이 가벼워지는 일상의 순간들. 잠깐이라도 마음과 몸을 가볍게 만드는 것. 그게 나에게는 행복의 기술이다. 작고 가벼운 것으로 일상의 큰 힘겨움을 넘는다.

마음에도
물을 줘야 한다

"언제라도 원하면 그대 자신 안에서
완벽한 휴양지를 발견할 수 있다."

— 마르쿠스 아우렐리우스

마르쿠스 아우렐리우스는 《명상록》을 편안하고 호화로운 책상에서 쓰지 않았다. 그럴 수가 없었다. 제국의 국경에서는 계속 전쟁이 벌어졌고 로마 황제로서 전쟁터에 나가야 했다. 피가 튀고 살이 찢기는 전투에서 돌아와 막사에 몸을 누이기 전에 조금씩 적었다. 언제 목숨을 잃을지 알 수 없었고 삶과 죽음은 같은 공간에 있었다. 그런 상황이 삶을 근원까지 깊이 들여다보게 했을 것이다.

아우렐리우스에게는 아마 전쟁 막사가 영혼의 쉼터였으리라. 전투에 지친 몸을 쉬게 할 수 있는 공간. 마음을 온전히 내려놓을 수 있는 편안함. 작은 전쟁 막사에서 그는 자신의 마음을 있는 그대로 보았으리라. 밀어 놓을 수 없는 걱정들, 제국의 영토를 지켜야 한다는 압박감은 황제에게 평생 떨쳐 버리지 못할 원죄와도 같았다. 그런 짐을 잠시 잊어버리고 몸과 마음을 잠깐이라도 비워 냈던 전쟁 막사. 불편하고 좁은 곳이지만 그런들 어떠랴. 몸과 마음을 편히 쉴 수 있다면 정치적 술책이 뒤덮은 화려한 로마의 황궁보다 더 편안했을 것이다. 그가 살아갈 삶의 철학인《명상록》은 그렇게 불편하면서도 한없이 편안한 '영혼의 쉼터' 전쟁 막사에서 나왔다.

직장 생활을 해 온 시간이 길어질수록 늘어나는 것들이 있다. 술집과 맛집의 목록 그리고 뱃살의 두께다. 여기서 뺨을 맞으면 술집으로 달려가고, 저기서 칭찬받으면 맛집으로 날아간다. 어느 때는 솟구치는 처량함에 한잔을 찾고 때로는 이유 모를 서러움을 입에 착 감기는 음식으로 달랜다. 팍팍한 사회생활 속에서 술집과 맛집은 치유의 장소다. 다친 마음을 어루만져 주고 허기진 육체를 달래 준다.

그러나 그곳들은 잠시의 위로만 준다. 평온을 선사하지는 못한다. 몸과 마음을 편안하게 숨 쉬도록 해 주는 곳은 아니다. 진통이 몰려올 때 잠깐의 마취로 아픔을 잊게 해 줄 뿐이다. 물론 울분이나 서러움을 삭혀 주는 것만으로도 훌륭한 역할을 하는 건 사실이다. 그럼에도 아픔은 잘 여물지 않는다. 흔들림은 사라지지 않고 자꾸 여진이 몰려오면서 생채기를 낸다. 그럴 땐 편안한 휴식이 있는 영혼의 쉼터를 하나쯤 마련하고 가끔씩 찾아가 보는 것도 좋다.

수필가 이양하 선생님은 교과서에도 실렸던 수필 〈신록예찬〉에서 '나의 자리'를 자랑한다. 수업이 끝나면 찾아가는 학교 본관 서쪽 숲의 소나무 그루터기가 그곳이다. 솔밭 사이에 있는 작은 그루터기를 선생님은 '나의 자리'라고 불렀다. 그곳에 앉아 솔잎 사이로 흐느끼는 하늘을 볼 때가 하루 중 가장 기쁜 시간이라고 했다. 사람을 싫어한다거나 사람 사이에 처하는 것을 싫어해서 그런 것이 아니다. 나뭇잎이 무성할 때 신록의 기쁨에 조금이라도 취하고 싶어서다. 신록을 좋아하는 선생님은 아무리 친한 동무가 있고 재미있는 이야기가 있어도 자연이 주는 아름다움에 더 마음이 끌린다고 했다. 이양하 선생님에게 그곳은 평온을 만나는 자리다. 숨 가쁜 생활 속에서 깊이 숨을 쉴 수 있고 피곤에 지친 몸과 마음에 더할 나위 없는 편안함을 선사하는 자리다. 이런 곳이 바로 영혼의 쉼터일 것이다. 숨 쉬기 힘겹고, 세상살이가 새삼 힘들거나 심력이 약해 사람들 틈에서 상처 받을 때, 영혼의 쉼터는 조금이나마 몸과 마음에 평온을 선사한다.

살고 있는 아파트에서 도로 하나를 건너면 뒷산이다. 그린벨트로 지정된 덕분에 아직도 개발이 안 되고 있는 고마운 곳이다. 산이라기보다는 구릉에 가까워 동네 사람들이 산책 코스로 즐겨 찾는다. 산자락 밑에는 주말농장이 넓게 자리하고 있어서 풍경도 잘 어울린다. 주말이면 별일 없는 한 뒷산으로 산책을 간다. 주말농장에 들러 풀을 뽑거나 물을 준 다음에는 산을 한 바퀴 돌며 산책하고 사람들이 잘 다니지 않는 능선으로 발길을 옮긴다.

산 속 작은 오솔길 옆에 배낭에 넣어 놓은 비닐 깔개를 펼치고 앉는다. 주변 나무 그루터기에 걸터앉기도 한다. 이곳은 뒷산에서 활엽수가 많은 축에 드는 장소다. 자리를 잡고 앉으면 쑥쑥 자란 나무줄기와 푸른 잎이 눈앞을 가득 채운다. 나뭇잎 사이로 넓은 밭과 집 두 채, 가건물처럼 지은 작은 교회가 내다보인다. 마음에 드는 풍경이다. 주변은 나무로 가득하고 푸른 나뭇잎은 시야를 어지럽히려는 듯 바람에 흔들린다. 몸에 흐르는 땀은 바람이 식혀 주고 마음에 흐르는 땀은 풍경과 신록이 다독여 준다. 조용히 앉아 있노라면 일주일 동안 쌓인 몸과 마음의 노곤함이 사르르 씻기는 기분이다. 이른바 '나의 자리'다. 마음을 가다듬고 싶을 때나 사는 게 정신없이 느껴질 때는 계절을 가리지 않고 찾는다. 가장 좋은 계절은 신록이 우거진 때이지만 나뭇잎 없는 겨울에도 풍경이 나쁘지는 않다.

쉴 틈 없이 일해야 하는 부서에서 일 년 넘게 일했던 적이 있다. 초창기가 가장 힘들었다. 모든 시스템을 처음부터 구축

해야 했다. 일은 해도 해도 끝나지 않았고 체력이 약한 탓에 어느 날 탈진 상태가 됐다. 일을 더 하기가 힘들었다. 주말에 충분한 휴식을 취해도 몸 상태는 나아지지 않았다. 어렵사리 그 시기를 넘기고 틈나면 북한산에 올랐다. 금요일에 쉬는 근무 체제여서 한적한 평일에 등산을 할 수 있었다. 어느 날인가 잎사귀 무성한 나무 밑에 앉아서 김밥 한 줄을 먹다가 불현듯 알았다. 숲에서의 고요가 나에겐 어떤 휴식의 방법보다 가장 좋다는 것을. 사람 드문 숲에 몇 번을 다시 앉아 보고 확신을 얻었다. 내 '영혼의 쉼터'는 조용한 숲이라는 걸. 뒷산에 마련한 나의 자리는 그렇게 찾았다. 그곳에 앉으면 막힌 숨이 트이는 것 같고 몸도 마음도 편안해진다. 사색도 하고 아무 생각 없이 멍하게 있기도 한다. 부정적인 생각이 떠오르면 지워 버린다. 쉼터에서는 휴식이 가장 중요한 목적이다. 몸도 마음도 편안해야 한다.

뿌리 깊은 나무는 바람에 쉬이 흔들리지 않는다. 마음의 뿌리를 깊고 튼튼하게 하면 세상의 바람에 덜 흔들린다. 뿌리가 되는 것은 자신의 철학이다. 마음을 들여다보고 깊은 곳에서 길어 올린 생각들은 철학이 된다. 철학은 삶이 흔들릴 때마다 지탱해 주는 지팡이 구실을 한다. 살아가는 길에서 심하게 넘어지는 사람들이 있다. 그들이 툭툭 털고 일어나 아무렇지도 않은 듯 가는 건 아프지 않아서가 아니다. 견디기 힘들 만큼 아프지만 그래도 다시 일어서는 것이다. 그 상황에서 무엇을 어떻게 해야 하는지 자신의 생각이 뚜렷하기에 다시 길을 나선다. '영혼의 쉼터'에서 마음을 쉬게 하는 시간은 자신을 들여다보는 시간이 된다. 메마르고 갈라져 상처가 드러나는 마음에 물을 주는 시간이다. 마음의 뿌리는 그렇게 깊어지고 단단해진다.

주말이 되면 즐거운 곳에 놀러가듯 나의 자리를 찾는다. 오 분일 때도 있고 한 시간이 될 때도 있다. 푸른 나뭇잎 아래서 몸과 마음을 가라앉힌다. 그 편안함에서 얻은 힘으로 다시 일어나 세상 속으로 들어간다. 아우렐리우스가 《명상록》을 쓰며 자신을 들여다보고 다시 전쟁터로 나갔듯이 나 또한 삶으로 돌아간다. 고통 받고 환멸을 느끼기도 하면서 도망치듯 벗어난 현실 속으로 다시 발을 내딛는다. 현실은 벗어날 수 없는 삶이므로.

나는 그들과 뭐가 다른가

TA EIS HEAUTON
MARCUS AURELIUS

위에 서려고 할수록
품격은 내려간다

"진정한 애정을 갖고 말하라. 훈계하지 말라.
사람들 앞에서 창피를 주지도 말라. 슬그머니 귀띔해 주어라."

— 마르쿠스 아우렐리우스

세네카는 로마의 폭군으로 알려진 네로 황제 시대에 가장 강력한 권력을 가진 사람이었다. 황제의 친구라고 일컬어지는 '아미쿠스 프린키피스amicus principis'에 지명되었고 친위대를 지휘한 부루스Sextus Afranius Burrus, 1~62와 함께 황제의 최측근에 자리했다. 코르시카 섬에서 유배 생활을 하고 있던 세네카를 로마로 불러들인 것은 네로의 엄마인 아그리피나Julia Agrippina Minor, 15~59였다. 네로를 황제로 세우고 싶었던 그녀는 당대 최고 지식인 세네카를 네로의 가정교사로 삼았다. 아그리피나가 의도했던 대로 네로는 황제가 되었고 세네카는 네로의 오른팔이 되었다. 보유한 재산 역시 당시 로마에서 손꼽을 만한 부호였다. 권력으로나 지식으로나 재산으로나 최상위 자리를 차지했다.

모든 사람이 부러워할 만한 것들을 지니고 있었지만 세네카가 쓴 글에서는 그런 냄새가 전혀 나지 않는다. 권력도 재산도 드러내지 않았다. 아는 게 많다고 젠체하는 일도 없었다. 일반 사람들과 다르지 않은 시각으로 글을 썼고, 자신이 시대의 선각자이니 대중을 계몽하겠다는 몸짓조차 하지 않았다.

시대의 지성으로 이름을 날리며 많은 저술을 써 냈지만 세네카는 다른 사람을 훈계하겠다는 생각을 하지 않았다. 남에게 드러내기보다는 자신에 대하여 성찰하고 자신의 문제를 풀어내는 걸 주요한 과제로 삼았다. 8년이나 유배를 당했던 세네카는 유배지에서도 많은 저술을 남겼다. 《분노에 관하여》《자비에 관하여》《인생의 짧음에 관하여》 등은 남에게 가르침을 주기 위해서가 아니라 자신의 아픔을 치유하기 위한 것이었다.

마르쿠스 아우렐리우스가 《명상록》에서 언급한 "진정한 애정을 갖고 말하라. 훈계하지 말라. 사람들 앞에서 창피를 주지도 말라. 슬그머니 귀뜸해 주어라"라는 말 역시 세네카가 평생을 지켜 냈던 것과 다르지 않다. 황제이자 철학자였지만 그는 내가 너보다 더 많이 안다는 우월감을 내세운 적이 없다. 그러니 내 말대로 하라고 강요하지도 않았다. 누군가를 내려다보지 않고 마음을 실어 따뜻한 시선을 보냈다.

그다지 인기가 많지 않았던 전직 대통령이 수많은 사람들에게 짜증을 유발시킨 말이 "내가 해 봐서 아는데……"라는 말이다. 이 말의 특징은 확신이다. 자기가 경험을 해 봐서 안다는 것이고 그에 대한 분명한 해결책도 알고 있다는 의미까지 포함하고 있다. 내가 해 봐서 알아, 그러니 까불지 마. 이런 자신감과 우쭐거림도 포함되어 있다. 그러니 이런저런 일이 터질 때마다 들어야 했던 그 말에 사람들은 짜증이 나지 않을 수 없다.

"내가 해 봐서 아는데……"라는 말의 또 다른 특징은 세상 사람 누구나 그런 소리를 할 수 있다는 것이다. 의사 표현을 할 수 있는 꼬마들부터 백 년 넘게 산 노인까지 누구나 할 수 있는 말이다. 살았던 시간이 얼마든 간에 경험하고 부딪치면서 자신의 몸으로 여러 가지를 체득하기 때문이다.

삶은 시간의 축적이다. 그 시간 속에는 사건, 생각, 결정, 선택이 있고 성취, 실패, 희열, 좌절이 함께 있다. 숱한 것들이 모여 시간을 채우고 그것은 누군가의 삶의 방법이 되고 노하우가 된다. 많은 시간을 살아오고 나이가 들수록 노하우는 쌓인다. 경험이 쌓이는 만큼 어떤 상황에 대한 대처 방법과 기술도 쌓인다. 세상에서 만나는 것들에 자기 나름대로의 해법을 갖게 되는 건 좋은데 거기서 문제가 시작된다. 어느 순간 슬그머니 누군가에게 알려 주고 싶다는 생각이 스멀스멀 피어오른다. "내가 해 봐서 아는데……" 하고 말이 나오는 시작점이다. 말해 주고자 하는 내용이야 나무랄 게 없다. 시간의 축적에서 얻어 낸 생생한 것들이다. 거기까지는 좋다. 문제는 거기에 확신, 우쭐함, 지나친 자신감이 가득 차고 "내가 알고 있으니 시키는 대로 해"라는 양념까지 뿌려지면 그때부터는 진짜 재수 없는 인간이 된다. 말해 주고자 했던 것들은 생생하고 훌륭하다. 그런데 사람들은 때때로 잊어버린다. 남들도 모두 그 정도는 알고 있다는 것을.

젊어서는 어떤 일이 있을 때 이렇게 해야 할지 저렇게 해야 할지 판단이 잘 서지 않는다. 살아가는 시간이 쌓이면서 이런 일도 겪어 보고 저런 일도 만나 보면서 원하든 원하지 않든 많은 것을 알게 된다. 옛날에는 의문부호로 남아 있던 것들이 이제는 느낌표로 매듭지어진다. 해 보고 겪어 본 건 강력한 무기가 된다. 아는 게 많다고, 그건 해 봐서 안다고, 내가 알고 있는 게 정확하다고, 그렇게 여기는 순간 가르쳐 주고 싶어진다. 해 주고 싶은 말이 넘쳐 난다. 둑 터진 호수의 물살처럼 말이 입 안에서 소용돌이친다. 조바심이 난다. 내가 알고 있다는 걸 보여 주려는 마음에 '내가 이 정도는 되는 사람이야' 하는 우월감까지 힘을 발휘한다. 그렇게 말이 쏟아져 나오면 폭포수가 따로 없다.

나이 적은 사람이 무언가 앞에 놓고 고민하고 있다. 이렇게 해야 할지 저렇게 해야 할지 몰라 멈칫하고 있다. 그럴 때

해 주고 싶은 말이 쏟아져 나오거나, 알려 줘야겠다는 호의가 동하거나, 말해 줘야 한다는 자신감 같은 것이 들면 나이가 들었다는 증거와도 같다. 그럴 때 재수 없는 인간이 되지 않는 기술은 아무 말도 하지 않는 것이다. 상대방이 물어보았을 때만 말해 주는 게 가장 좋다.

정 말하고 싶으면 요점만 짧게 해야 한다. 길게 자랑이라도 하듯 늘어놓는 순간부터 짜증 유발자가 된다. 물어보지도 않았는데 그건 이렇게 해야 한다, 그럴 땐 이렇게 해라, 그 나이에는 이런 걸 해라, 그렇게 살지 마라, 이렇게 살아라, 이게 옳다…… 한다면 최악이다. 상대방보다 나이를 더 먹었다는 것에 상대방이 원치 않는 조언을 할 권리까지 포함된 것은 아니다. 그럴 권리는 아무에게도 없다. 누구를 가르쳐야 한다는 의무도 거기에는 없다. 그런데도 자꾸 의무를 수행하듯 가르치려고 한다.

대한민국 사람들은 모두 교육 전문가라는 우스갯소리가 있다. 새로운 교육 정책이 나오면 입 달린 사람들은 모두 한 마디씩 한다. 자기가 직접 겪어 봤으니 자신이 있다. 정부 정책보다 자기 생각이 교육 환경을 개선하는 데 훨씬 현실적이라고 굳게 믿는다. 삶에 대해서도 마찬가지다. 숨 쉬고 밥 먹고 숨차게 살아가는 사람은 누구나 삶의 전문가다. 자기 나름대로 살아온 시간이 있고 경험이 있다. 교육 문제처럼 입 달린 사람이라면 산다는 것에 대해 모두 할 말이 많다. 자신 있게 할 수 있는 말이 차고 넘친다. 한번 말해 보라고 멍석이라도 깔아 주면 며칠 밤낮도 순식간에 지나간다. 나이에 관계없이 모든 사람이 삶의 전문가인 셈이다. 그런 전문가에게 무엇을 가르치려 한다는 건 주제넘은 일이다. 후배들이나 어린 사람들에게 자기가 알고 있는 것을 알려 주고 싶다는 건 호의일 수도 있다. 그러나 대부분은 '내가 해 봐서 아는데……' 심리로 귀결된다. 내가 알아. 그러니 내 말 들어. 그런 생각의 연장일 뿐이다.

오래 살았고 나이가 들었다고 많은 걸 아는 건 아니다. 제대로 아는 것도 아니다. 그럼에도 나이가 조금 들면 가르치려는 마음이 생긴다. 그럴 땐 입을 꾹 닫고 입 밖으로 나오는 말을 거둬들여야 한다. 나이 들수록 지갑을 열고 입은 닫으라는 말은 명언이다. 어디 가서 환영받으려면 조금이라도 베풀어야 하고, 말은 최대한 아껴야 한다. 무언가 알려 주고 싶은 게 있다면 받아들일 준비가 된 사람에게만 말해 주는 게 좋다. 그때의 말투는 윽박지르듯 하지 말고 상대방을 존중해야 한다.

가장 좋은 방법은 상대방 위에 서지 않는 것이다. 내려다보지 않는 것이다. 나이가 많을수록 자신이 아는 게 많다고 생각할수록 다른 사람 위에 서고 싶어 한다. 상대방이 자기의 말대로 따라와야 한다고 생각한다. 진정으로 해 주고 싶은 이야기가 있다면 옆에서 함께 어깨를 맞추는 게 좋다. 손을 잡고 나란히 걸어가는 게 좋다. 위에 서려고 할수록 품격은 아래로 내려오고, 옆에 같이 서려고 할수록 소통은 쉬워진다.

나이 좀 들었다고 누구를 가르치려 하지 말아야 한다. 누구 위에 서려고도 하지 말아야 한다. 내가 해 봐서 안다고? 혼자 알고 있으면 된다. 그 정도는 남들도 안다.

남에게
돌 던지지 않기

"누군가를 비난하는 마음이 들 때마다
이 사람이 저지른 것과 같은 잘못을 나도 하고 있지 않은지
스스로에게 질문하라."

— 마르쿠스 아우렐리우스

마르쿠스 아우렐리우스의 말은 돌처럼 날아와 머리를 때린다.

"그대가 함께 살고 있는 사람들의 도덕성과 행동거지를 보라. 그들 중에서 제일 낫다고 여겨지는 자도 참아 주기 어려울 것이다. 그리고 그대도 그들보다 나은 것이 없다."

"누군가를 비난하는 마음이 들 때마다, 이 사람이 저지른 것과 같은 잘못을 나도 하고 있지 않은지 스스로에게 질문하라. 물욕, 쾌락욕, 명예욕 등 그대도 같은 결함을 갖고 있음을 알게 될 것이다. 이런 식으로 생각의 방향을 돌리면 어느새 노여움은 잊히고 그 사람도 그대와 마찬가지로 어쩔 수 없는 인간이라는 사실을 깨닫게 된다."

인간에 대한 아우렐리우스의 통찰은 빛난다. 그의 통찰이 빛을 발하는 것은 자신도 예외 없이 그 대상에 포함시켰기 때문이다. 사람들이 어떤 일에 대해 말할 때 흔히 저지르는 실수가 있다. 자기 자신은 제외시켜 생각하고 말하는 것이다. 남에 대해 비난하는 말을 쉽게 입 밖으로 내는 건 그런 이유에서다. 남을 비난하는 그 문제에 있어서 자신은 어떤지 생각해 본다면 누구를 비난하기 어렵다. 자기 자신도 그다지 차이가 없음을 알게 되기 때문이다. 그 문제가 자신의 문제인데 누구에게 뭐라 하겠는가.

아우렐리우스는 황제의 자리에 있으면서도 자신을 저잣거리의 보통 사람들과 같은 위치에 놓고 통찰했다. 살아 있는 인간으로서의 동등함. 인간이라는 점에서 다를 게 없다는 전제는 그의 시선이 그만큼 열려 있었다는 걸 보여 준다. 그는 스스로를 성찰하고 스스로를 경계하도록 되뇌고 다그쳤다. 자신도 다를 것 하나 없으면서 남에게만 욕을 퍼붓는 사람이 되지 않으려 했다.

율법학자들과 바리새인들이 간음하다 잡힌 여자를 붙잡아 예수에게 끌고 왔다. "이 여자가 간음을 했습니다. 모세는 율법에서 이런 여자에게 돌을 던져 죽이라고 하였습니다. 어떻게 생각하십니까." 예수는 몸을 굽혀 손가락으로 땅에 무언가 쓰기 시작했다. 그들이 계속 같은 질문을 던지자 예수가 몸을 일으켜 말했다. "너희 가운데 죄 없는 자가 먼저 저 여자에게 돌을 던져라." 이 말을 듣고 그들은 나이 많은 자들부터 하나씩 떠나갔다. 《성경》 속에서는 그렇게 이야기가 끝났다. 그러나 이번엔 조금 다르다. 《성경》과 다르게 어디선가 돌 하나가 쌩하고 날아왔다. 그 뒤로 쏟아지듯 돌이 날아왔다.

예수를 시험하고자 했던 율법학자들과 바리새인들은 예수의 한마디를 듣고 자리를 떠났다. 아니, 떠날 수밖에 없었다. 죄가 없다면 돌을 던지라는데, 세상에 죄 짓지 않고 사는 인간이 얼마나 될까. 손에 돌 하나씩 집어 들었던 그 많던 사람들이 다 없어졌다. 죄 안 짓고 사는 사람은 하나도 없다. 돌은 던지고 싶은데 양심에 찔린다. 이럴 때는 돌을 내려놓고 슬그머니 사라지는 게 최고다.

《성경》은 인간의 갈 길을 알려 주는 경전이라 거기서 끝난다. 그러나 현실은 그렇지 않다. 인간은 꼭 갈 길로만 가지 않는다. 어디선가 돌이 날아온다. 하나만 날아오는 게 아니다. 많이 날아온다. 그것도 아주 많이. 그 돌은 내가 던진 돌이고, 내 옆에 있는 사람이, 내 앞에, 내 뒤에 있는 사람이 던진 돌이다. 우리는 서슴없이 돌을 던진다. 양심에 찔리기는 하지만 그 정도는 신경 쓰지 않는다. 돌을 던지고 싶어 안달하고 기어이 던지고 만다.

"아, 김 사장", "그래, 김 변호사", "이 국장, 나야", "회장님 한번 뵈어야 할 텐데요"…… 전화할 때 꼭 직위로 상대방을 부르는 사람이 있다. 공식적인 자리에서도 그렇고 동창회나 동호회 같은 모임에 가도 있다. 친구한테 전화를 받아도 첫마디가 "김 변호사, 오랜만이야" 이런 식이다. 그렇게 통화를 하는 이유는 자신의 인맥을 과시하고 싶어서가 아닐까.

그런 통화를 옆에서 들을 때마다 속으로 읊듯이 했던 소리가 있다. '아예 대놓고 자랑을 하는군. 인맥 자랑하는 방법도 여러 가지야.' 주변을 내세워 자기가 이 정도의 사람임을 드러내고자 하는 건 고전적인 방법이다. 자기를 봐 달라고 떠들기는 쑥스럽고 눈치 보이니 쓰는 우회 전술이다. 그런 사람들에게 예외 없이 비웃음을 던졌었다. '네가 그렇지 뭐. 그런 놈인 줄 알고 있었다.' 이런 식의 비웃음. 그들은 그런 비웃음을 받을 자격이 충분하다고 생각했다.

사회생활을 시작하고 오래지 않아서 많은 선배들을 만났다. 나이가 꽤 들었던 그들은 당시의 젊은 눈으로 보니 한심하기까지 했다. 나이라는 산을 불룩 나온 배 위에 얹어 놓고 연일 술자리를 찾아다녔다. 하루하루를 말초적인 즐거움으로 때우기에 바빴다. 내일은 오늘과 다른 어떤 모습이 될 것인지, 가족을 위해서 무엇을 해야 할지, 미래에는 어떤 일로 새로움을 찾을지, 그런 고민의 흔적조차 찾아보기 어려웠다. 입을 열면 남에 대한 좋지 않은 소리가 입 냄새보다 고약하게 새어 나왔다. 듣기에 불편한 이야기들이었다. 그런 모습들을 보면서 또래와 뭐라고 말했던가. "저렇게 나이 들지 않을 거야." 마치 욕이라도 하듯이 말했다. 그건 내가 그들에게 던진 돌이었다.

　남에게 돌을 던지며 나는 그들과 다르다고 생각했지만 진짜 그랬던가. 아는 사람과 통화할 때 상대방의 직위를 부르며 자신을 내보이려 했던 사람이나, 하는 일 없이 나이만 든 것 같았던 선배들은 예수의 이야기 속에서 누구에 해당할까. 그들은 율법학자나 바리새인과 비슷하다. 간음한 여자에게 돌을 던지려던 율법학자와 바리새인은 돌을 내려놓고 돌아섰다. 자신의 죄를 알았기 때문이다. 그럼에도 어디선가 돌이 날아왔다. 그 돌을 던진 사람은 나였다. 뒤이어 돌을 던진 사람들은 나 같은 누군가다. 율법학자와 바리새인보다 못한 행동이었다.

　우리는 스스로의 잘못된 점을 제대로 보지 못한다. 설사 제대로 본다고 해도 아닌 척한다. 그리고 돌을 집어 기꺼이 다른 사람에게 던진다. 자기를 드러내 보이려 했던 사람을 욕했지만 나는 그들과 다를까. 선배들을 보며 저렇게 닮아 가지 않겠다고 했지만 지금 나는 그들보다 나을까. 어느 쪽도 자신이 없다. 내 안에도 누가 나를 알아봐 주었으면 하는 생각이 있다는 걸 안다. 눈치 못 채게 하면서도 속으로는 그 꼬투리를 누가 낚아채 주기를 바란다. '나 이런 사람이야'라는 속마음을 은근히 흘리고 있는 자신의 모습을 때때로 마주한다.

저런 모습으로 나이 들지 않겠다고 숱하게 생각했지만 지금의 나는 옛날 선배들보다 나을 게 전혀 없음을 절실히 느낀다. 그들만큼이라도 살고 있는지조차 자신이 없다. 자기의 이익만 챙기는 사람을 보면 깔보게 되지만, 한쪽에서는 눈에 띄지 않게 작은 이익을 챙기고 있는 나를 만난다. 맞아도 싸다고 내가 돌을 던졌던 그들은 나와 다르지 않았고, 오히려 나보다 더 나은 모습들에 흠칫 놀라곤 한다.

그동안 남에게 던진 수많은 돌들은 부메랑처럼 다시 돌아와야 할 것이다. 내가 던졌지만 내가 맞아야 할 돌들이다. 남에게 돌을 던지려면 정녕 내가 저 사람과 다르다고 자신할 수 있을 때 던져야 한다. 그렇다면 아무에게도 돌을 던질 수 없다. 나는 저 사람과 다를 뿐만 아니라 더 낫다고 할 수 없을 테고, 설사 그렇게 판단한다 해도 그 판단은 착각이거나 오만에 가깝다.

결국 남에게 돌을 던질 수 있는 사람은 없다. 아우렐리우스의 말처럼 그들보다 나은 것이 없다. 누군가의 하는 꼴이 보기 싫다면 손에 돌을 들 게 아니라 쥐고 있던 돌을 내려놓아야 한다. 내가 할 일은 돌을 던지는 게 아니라 그 상황에서 배우는 것이다. 그들처럼 하지 않는 것이다. 남에게 돌을 던지지 않는 것은 살면서 꼭 몸에 익혀야 할 기술이다.

헛된 기대가
상처를 키운다

"어디를 가나 그런 사람들이 있을 수밖에 없다는 사실을
염두에 두면 좀 더 참고 지낼 만할 것이다."

— 마르쿠스 아우렐리우스

해가 서쪽에서 뜨기를 기대하는 사람이 있을까. 폭염이 극성인 한여름에 눈 오기를 기다리는 사람이나 화이트 광복절을 고대하는 사람은 어떨까. 한겨울에 무더위를 바란다면 그건 또 어떤가. 그런 것들을 기대하는 사람은 없다. 단풍나무에서 벚꽃이 피지 않는다고 눈물짓지 않는다. 호박 덩굴에 사과가 열리지 않는다고 실망하지 않는다. 복권을 사고 1등에 당첨되지 않았다고 길길이 날뛰지도 않는다. 그 어느 것도 현실에서 기대하지 않으므로 화를 내지도 않고 실의에 빠지지도 않는다.

스토아 철학은 말한다. "불가능한 것을 기대하지 말라." 불가능한 것이 이루어지기를 바라지 않는 게 스토아 철학의 기본이다. 우리는 2,200년 전 헬레니즘 시대의 스토아 철학에 충실

하게 사는 셈이다. 해가 서쪽에서 뜨기를 바라지 않고 호박 덩굴에서 사과가 열리기를 기대하지 않는다. 그 사실만으로도 우리는 이미 스토아 철학자다.

기대하지 말아야 할 것은 또 있다. 보기 싫은 사람이 하나도 없는 세상, 내가 싫어하는 사람들이 모두 멸종하는 그런 세상 역시 기대하지 말아야 한다. 나에게 사기 치는 사람, 나를 이용해 먹는 사람, 무시하고 얕잡아 보는 사람, 수시로 괴롭히는 사람. 그런 사람들이 없는 세상이 있을까? 없다. 그런 세상이 오는 것은 내 겨드랑이에 날개가 생겨나고 천사가 되어 하늘로 올라가는 것만큼이나 불가능하다.

그럼에도 우리는 날마다 기대한다. 오늘은 그런 사람 만나지 않기를. 불가능한 일을 바란다는 건, 단 한 번도 그런 사람을 피해 가지 못하고 연이어 상처를 받고 있다는 뜻이다. 절대 이루어질 수 없음에도 혹시나 하는 기대를 하다가 상처를 키운다. 우리가 사는 현실 속에서 우리를 괴롭게 하는 사람은 없어지지 않는다. 그게 우리가 사는 세상이다. 그런 사실을 잘 알면서도 불가능에 대한 기대를 버리지 않는다. 그게 사람의 심리다. 문제는 그런 기대가 날마다 상처를 입힌다는 것이다.

사람이 힘들던 때였다. 누군가 나를 심하게 할퀴고 간 날이었다.《명상록》의 한 구절을 읽다가 문득 머릿속이 시원해지는 느낌을 받았다.

> "매일 아침 눈을 뜨면 그대 자신에게 말하라. 오늘 나는 참견하기 좋아하는 자, 배은망덕한 자, 약자를 괴롭히는 자, 거짓말쟁이, 음모를 꾸민 자, 버릇없는 자를 만나게 될 것이다."

로마 황제도 사람 때문에 힘겹기는 마찬가지였던 모양이다. 아우렐리우스는 자신의 성장에 관한 글을 모아 놓은 《명상록》 1장이 지나자마자 2장의 첫 구절을 사람에 대한 이야기로 시작한다. 그것도 살면서 만나지 않았으면 싶은 사람들의 이야기로. 아우렐리우스는 한칼에 쓸데없는 싹을 잘라 버린다. 그런 사람을 만나지 않고 사는 세상을 기대하지 말라는 소리다. 황제라면 사람을 가려서 만날 수 있었을 테고 자신이 원하는 사람만 주변에 둘 수 있었을 것이다. 그럼에도 황제 역시 사람으로 인해 힘든 마음을 다잡아야 했나 보다.

로마 황제도 그랬거늘 우리는 황제 이상의 기대를 하면서 살아간다. 《명상록》의 구절과는 달리 아침마다 큰 기대를 한다. 오늘은 사람 때문에 덜 힘들기를 기대하고, 사람 때문에 덜 괴롭기를 바란다. 오늘은 그 누군가가 나를 덜 괴롭히기를, 그 누군가에게 덜 당하기를 바란다. 그 모든 것이 불가능하다는 걸 알면서도 기대하는 것은 그만큼 사람으로 인해 힘들었기 때문이다. 그러나 한편으로는 일종의 비굴과도 같다. 나의 힘으로 이겨 내지 못하고 상대의 달라진 모습을 바라는 그런 비굴 말이다.

《명상록》에서는 또 말한다.

"누군가의 뻔뻔스러운 행동 때문에 화가 날 때마다 즉시 스스로에게 질문하라. '파렴치한 사람들이 없는 세상이 어디 있겠는가?' 물론 그런 세상은 없다. 불가능한 것을 기대하지 말라. 악당, 사기꾼, 다른 종류의 잘못을 범하는 사람들도 마찬가지다. 어디를 가나 그런 사람들이 있을 수밖에 없다는 사실을 염두에 두면 좀 더 참고 지낼 만할 것이다.…… 무지한 자들이 몰상식하게 행동하는 것이 뭐가 그렇게 나쁘고 놀라운 일인가? 잘못은 그의 불쾌한 행동을 예상하지 못한 그대에게 있다. 그대의 이성은 그가 비행을 저지를 거라고 미리 말하지만, 그대는 귀를 기울이지 않고 있다가 뒤늦게 충격을 받는다."

사람을 대할 때 이 사람이 악당이라는 걸 염두에 두고 대하면 그가 어떤 일을 하든지 충격이 덜하다. 그럴 만한 사람이라는 걸 이미 알고 있었고 예상했기 때문이다. 그런 의미에서 아우렐리우스의 말은 틀리지 않다. 악당이기는 하지만 이번엔 좀 덜하지 않을까 하는 생각을 하다가 기대가 깨지는 순간 또 예전과 같은 상처를 받는다. 살면서 만나는 사람 중에는 나를 괴롭히는 사람도 있고 인간적으로 나쁜 사람도 있다. 그들이 그에 걸맞은 행동을 보이는 건 놀라운 일이 아니다. 오늘은 뭔가 다르지 않을까 하는 나의 기대가 오히려 놀랍다. 조그만 안위를 기대한 것은 다른 얼굴을 한 비겁이다.

관계를 유지하기 버겁고 계속 상처 주는 사람이 있다면 관계를 포기하는 것도 기술이다. 적당한 사회적 거리만 유지하고 아무런 기대를 하지 않는 것이다. 기대하지 않으면 충격도 줄어든다. 충격이 줄어들면 상처도 줄어들게 된다. 여름에 더위를 피할 수 없고 겨울에 추위를 피할 수 없듯이 괴로움을 주는 사람도 피할 수 없다. 그런 사람이 없는 곳이 있다면 그곳이 바로 천국일 것이다. 여름에 더위를 이기는 방법은 더위에 맞서는 것을 포기하는 것이다. 폭염이 내리쬐는 거리로 나가야 한다면 더위에서 벗어나는 건 불가능하다. 덥지 않았으면 하는 마음을 포기해야 한다. 더위에 짜증을 내면 더 더워지지만 '여름이 덥지, 추울까' 하고 생각하면 못 견딜 것 같던 더위도 견딜 만해진다. 여름은 원래 이 정도는 덥다고 생각하면 더위가 오히려 덜하다. 견디기 힘든 사람에 대해서도 마찬가지다.

《명상록》의 구절을 하나 더 보자.

"불가능한 것을 바라는 것은 미친 짓이다. 사악한 자가 잘못을 저지르지 않는 것은 불가능하다."

아우렐리우스의 말대로라면 사람 때문에 덜 힘들기를 바란 우리의 생각은 잘못된 것이다. 사악한 자가 사악한 짓을 하지 않을 리 없음에도 우리는 날마다 바란다. 불가능이 현실에서 이루어지기를 바라니 실현될 리 없다.

도둑에게 자비를 기대하는 사람은 없다. 도둑이 들면 몸이나 다치지 않기를 바랄 뿐이지 물건도 가져가지 않았으면 하고 바라지 않는다. 거기에 더해서 도둑이 아예 없는 세상, 그런 세상은 언감생심 기대하지 않는다. 사람에 대한 것 역시 그렇다. 나를 괴롭히는 사람, 당연히 있다. 사기 치는 사람, 마찬가지다. 날마다 힘겹게 하는 사람, 역시 있다. 생각지도 못한 상처를 주는 사람, 어디든 있다. 그게 내가 살아가는 세상이다. 죽을 때까지 그 속에서 살아간다. 벗어나고 싶어도 벗어 날 수 없다.

그런 사람들에게 아예 기대하지 않는 것, 나를 괴롭히지 않기를 포기하는 것은 삶의 기술이다. 상처를 받지 않을 기대도 포기한다. 단지 상처를 덜 받고 견디는 것이다. 그런 사람들과 만나지 않는 방법이 있기는 하다. 지구를 떠나면 가능하다. 그러나 그것도 장담하지 못한다. 떠나간 그곳에도 사람이 있다면.

나만의 방식으로
걷기

"자신의 마음이 하는 일을 모르면 불행해질 수밖에 없다."

— 마르쿠스 아우렐리우스

견유학파犬儒學派는 스토아 철학이 그리스에서 태동하기 이전부터 있었던 철학의 하나다. 견유학파 철학자들은 꼭 필요한 것 외에는 소유하지 않으려 했다. 명예와 권력은 물론이고 일상생활에 필요한 옷조차 갖추지 않고 살았다. 극단적으로 검소하고 간소하게 생활한 그들은 인간 사회의 제도를 무시했다. 관습은 물론이고 사회적 규율 그리고 도덕까지 도외시했다. 밥을 굶고 거리에서 걸인과 같은 행색을 하고 길거리에서 자위행위를 하며 성욕을 해결하기도 했다. 소박함과 철저한 자기 절제를 중요하게 여긴 그들은 소유에 굴복하지 않았다. 고집스럽게 자신들의 방식으로 살았다. 그들이 남들의 시선에 신경 쓰지 않고 자신들의 방식을 유지한 것은, 필요한 것이 적을수록 인간은 자유롭다는 철학을 실천하기 위해서였다.

나무통 속에서 먹고 자는 기행을 벌인 철학자 디오게네스 Diogenes, B.C.412?~B.C.323?도 견유학파였다. 그와 관련된 일화는 너무나 유명하다. 세계를 정복한 알렉산드로스 대왕이 어느 날 디오게네스를 찾아왔다. 그에 관한 이야기를 듣고 직접 보고 싶었던 것이다. 알렉산드로스가 디오게네스에게 물었다. "필요한 게 있으면 어떤 소원이든 들어주겠다." 디오게네스의 답은 간단했다. "햇빛 가리지 말고 비켜 주시오."

견유학파의 논리에 공감하더라도 그들의 기행을 따라 하면서 살 필요는 없다. 그들처럼 기이한 방식의 삶을 행한다면 현대에서는 사회적 문제를 일으킬 것이다. 그러나 그들의 고집스러운 소신은 단연 돋보인다. 자신들의 삶의 방식을 지키고 그대로 행동했던 점은 배울 만하다. 그들은 남의 시선보다 자신들의 철학으로 자신들의 방식으로 살고자 했다.

견유학파 철학자들처럼 내 나름의 방식으로 걸어야 한다. 세상의 무수한 시선에 맞춰야 하고, 세상의 모든 흐름에 신경 써야 한다면 그건 이미 자신의 삶이 아니다. 내 삶의 자유가 더 커지고 나만의 기쁨이 더 충만해지는 방법은 남의 시선에 신경 쓰지 않고 자신의 삶을 사는 것이다.

스토아 철학자인 마르쿠스 아우렐리우스는《명상록》에서 단호하게 말한다.

"여기저기 기웃거리고 다니면서 다른 사람들이 무슨 생각을 하고 있는지, 그 깊이를 재 보는 것보다 더 한심한 일은 없다."

"다른 사람들이 무슨 생각을 하고 있는지 몰라서 불행해지는 일은 드물다. 하지만 자신의 마음이 하는 일을 모르면 불행해질 수밖에 없다."

"남의 염병이 내 고뿔만 못하다"는 말이 있다. 염병도 고뿔도 흔히 쓰이는 말이 아니어서 요즘 사람은 무슨 소린지 참 알아듣기 어렵다. 하나하나 단어부터 알아보자. 염병은 전염병을 의미하는데 요즘의 병명으로는 장티푸스를 말한다. 고뿔은 감기를 이르는 순우리말이다. 감기에 걸리면 시도 때도 없이 콧물이 흐르기 때문에 코에 불이 난다는 의미에서 유래된 단어로 보인다.

그런 뜻을 감안하고 속담을 보면 조금은 이해가 쉽다. 남이 걸린 장티푸스가 내가 걸린 감기만 못하다는 말이다. 장티푸스에 걸리면 대부분의 환자가 전신에서 열이 나고 복통에 시달린다. 일찍 치료하지 않으면 병에 걸린 사람의 10~20퍼센트는 사망한다. 엄청나게 위험한 병이다. 감기는 장티푸스와 비교를 하고 자시고 할 것조차 없다. 감기에 걸려도 고생을 하기는 하지만 목숨이 왔다 갔다 하는 장티푸스와는 차원이 다르다. 독감이라고 해도 목숨에 위협을 느끼는 경우는 극히 드물다. 감기 걸린 사람이 장티푸스에 걸린 사람보다 자기가 더 힘들다고 느끼는 것, 그게 "남의 염병이 내 고뿔만 못하다"는 말이다. 남이 어떤 큰일을 겪고 있든 나에게는 당장 눈앞에 닥친 나의 작은 일이 더 중요하다는 뜻이다.

남의 차를 얻어 타고 어디를 가는 중이었다. 목적지에 도착했는데 운전하는 사람이 주차에 조금 서툴렀다. 옆에 앉아서 그걸 보다가 물어봤다. 아무 생각 없이 한 말이었다. "이 차는 새 차 같은데 후방 카메라가 없나 봐요? 그거 편하던데." 그 소리를 듣더니 단호하게 대답한다. "집에 있는 다른 차에는 있어요. 이 차는 작은 거라서." 나를 후방 카메라도 없는 차나 몰고 다니는 사람으로 보지 말라는 투다. 아니면 나도 그 정도는 있는 사람이야 하는 투다. 아무 생각 없이 한마디하고는 머쓱해졌다.

직장 생활이나 사회적 모임에서 많은 사람들이 이렇게 생각한다. 다른 사람들이 나를 어떻게 볼까, 작은 차를 타고 왔는데 우습게 보지 않을까, 집에 큰 차가 또 있다는 걸 말해야 하나, 내가 돈이 없다고 불쌍하게 여기지 않을까, 혹시 내가 돈이 많다는 걸 모르는 건 아닐까, 표시를 해야 하나. 아주 작은 것들도 하나하나 신경을 쓴다. 감기에 걸려서 코를 자주 풀다 보니 코가 빨개진다. 이렇게 빨개진 코를 남들은 어떻게 볼까. 걱정이 된다. 평소 같지 않게 원색의 옷을 입고 나갔는데 시선이

쏠리는 것 같다. 남들이 다 쳐다보는 것 같아서 몸을 크게 움직이는 것조차 조심스럽다. 어떻게 할까.

우리는 남이 나를 어떻게 생각할지 참 많이 의식하고 산다. 그래서 이런저런 신경도 많이 쓴다. 나 때문이 아니라 남 때문에 나에게 신경을 쓴다. 아이러니다.

남들은 나에게 별로 관심이 없다. 자기 일 하기도 바쁘고 자기 문제 걱정하기도 바쁘다. 자기 인생 챙기기에도 시간이 모자라는 게 현대인의 삶이다. 남의 일에 신경 쓸 시간도 없고 그럴 마음도 없다. 거꾸로 뒤집어 놓고 보면 간단하다. 당신은 남에게 그만큼 관심이 있는가? 그렇지 않을 것이다. 당장 점심에 무얼 먹으러 갈까 하는 고민이 더 크지, 다른 사람이 옷을 어떻게 입었는지는 금방 잊어버리고 만다.

"남의 염병이 내 고뿔만 못하다"는 말은 그 경우에 딱 들어맞는다. 아는 사람이 염병에 걸려 병원으로 문병을 갔다고 해 보자. 병이 심해서 잘못하면 위험한 지경에 처할 수도 있다고 한다. 마음이 정말 아프다. 그런데 다음 날 자기가 감기에 덜컥 걸려 버렸다. 두통에 머리가 어질어질하고 콧물 때문에 정신을 차릴 수가 없다. 그럴 때 어제 문병 갔던 사람의 염병이 더 걱정 될까, 자신의 감기가 더 걱정될까?

물어볼 것도 없다. 당장 자기가 힘들고 당장 자기 앞에 닥친 문제가 더 걱정인 것이다. 아는 사람의 염병이 안된 일이기는 하지만 나한테는 내 감기가 더 힘들다. 내 일이 우선이다. 그런 느낌이 사람들이 남에게 신경 쓰는 평균적 수준이라고 보면 지나친 걸까? 어느 누구도 남에게는 커다란 관심이 없다. 그러니 남의 시선이나 남의 생각에 지나치게 신경 쓸 필요가 없다.

남의 시선이 걱정되면 이렇게 생각하면 된다. '그들은 사실 나에게 별 관심이 없다. 그러니 나는 내 방식대로 살아가면 된다.' 중요한 것은 남에게 내가 어떻게 보이느냐가 아니라 나에게 내가 어떻게 보이느냐 하는 것이다. 남의 시선은 나에게 큰 의미가 없다. 내 인생을 살아가는 주인은 나이고 내 인생만큼은 남의 시선이 아니라 나의 시선으로 살아갈 자유가 있다. '남 보기에 좋았더라'가 아니라 '나 보기에 좋았더라'는 시선으로 살아가야 한다. 남의 인생이 아닌 내 인생이기에 그렇다.

자신에게는
왜 그리 차가워지는가

"고의로 누군가를 해한 적이 없는 내가 무슨 권리로
나 자신을 해하겠는가."

— 마르쿠스 아우렐리우스

로마의 스토아 철학에 큰 흔적을 남긴 에픽테토스는 아무런 저
작을 남기지 않았다. 그의 저작으로 전해 오는 《담화록》은 제
자였던 아리아누스Lucius Flavius Arrianus, 86~160가 에픽테토스의
강의를 기록으로 남긴 것이다. 에픽테토스의 철학을 그대로 담
고 있는 《담화록》은 모두 8권이었지만 지금은 4권만 남아 있
다고 한다. 그중에서 아리아누스가 에픽테토스의 철학적 원리
를 추려서 모아 놓은 것이 《엥케이리디온》이다. 로마 황제였던
아우렐리우스에게 가장 큰 영향을 미쳤던 철학자가 바로 노예
출신이었던 에픽테토스였다.

《엥케이리디온》의 제일 첫 부분을 보면 우리에게 달려 있
는 것들과 우리에게 달려 있지 않은 것들에 대해 나온다. 여기

서의 구분은 삶을 둘러싸고 벌어지는 모든 내적, 외적인 것들에 대한 것이다. 그는 자신이 통제할 수 없는 것들에 집착하고 매달리면 장애에 부딪치고 심한 고통을 겪어야 할 것이라고 역설한다. 그러므로 개인이 통제할 수 있는 것들에 최선을 다해야 한다고 강조한다. 그것이 삶을 가장 좋게 만든다는 것이다.

살아가는 길에는 에픽테토스의 말처럼 우리가 어찌할 수 없는 것들이 무수하게 많다. 특별한 재주도 기회도 갖지 못하는 장삼이사張三李四에게는 특히 더 그렇다. 무엇을 이루었는가 하는 것으로 평가한다면 내놓을 만한 게 얼마나 있을까. 중요한 것은 얼마나 이루었느냐가 아닐 것이다. 살아가는 길에는 내가 어찌할 수 있는 것과 어찌할 수 없는 것들이 함께 존재한다. 그중에서 자신에게 달려 있는 것에 최선을 다했다면 그 자체만으로도 평가받을 만한 가치가 있다. 얼마나 이루었는가보다는 얼마나 열심히 살았느냐가 더 중요하다. 모든 것을 내던져 살아 냈다면 그 삶의 가치를 낮춰 볼 수 없다.

빈한하게 살았던 우리 부모들의 삶이 어디 단 한 번이라도 반짝거린 적이 있던가. 단 한 가지도 내놓고 자랑할 만한 그럴듯한 건 없었다. 그래도 그 삶이 빛나는 건, 후회스럽지 않은 건, 자신에게 달려 있는 것들에 최선을 다해 살아 냈기 때문이다. 몸부림치며 살았기 때문이다. 파도처럼 몰려오는 고통을 온몸으로 맞으며 걸어왔기 때문이다. 어떤 삶이든 그 자체로 충분한 가치가 있다.

심심치 않게 매스컴을 통해 연예인들의 연애 기사를 접한다. 누가 누구와 사귄다는, 누가 누구와 연인 관계라는 그런 이야기들이다. 누구에 해당하는 사람이 어느 정도 인기가 있느냐에 따라 세간에 큰 화제가 되기도 하고 하루 이틀 입방아로 끝나기도 한다. 내용이 어떻든 간에 먹고 사는 데 온 기력을 바쳐야 하는 사람들에게는 잠시 눈요기로 지나갈 뿐이다.

"아니 왜 우리가 연애할 때는 기사가 되지 않는 거야."

농담 같지도 않은 농담에 옆에 있던 후배가 바로 답을 일러 준다.

"다르니까."

"뭐가 다른데."

"연예인이잖아요. 우린 아무것도 아니고."

듣고 보니 그렇다. 길에 나서면 얼굴 한번 보려고 줄을 서고 일반인이 평생 벌어도 못 벌 돈을 순식간에 벌어들이는 연예인이 어찌 나와 같으랴. 그런데 생각해 보니 꼭 그렇지도 않다.

"아무것도 아니라니. 한 인생 사는 건 똑같아."

"노는 물이 다르잖아요."

"다르긴 뭐가 달라. 지구 위에서 노는 건 마찬가진데."

아무것도 아닌 인생 맞다. 그게 우리들 장삼이사의 모습이다. 무엇하나 변변치 않은 우리네 삶은 말 그대로 '서푼짜리 인생'인지도 모른다. 그러나 서푼짜리 인생도 또 하나의 인생이다. 같은 시간에 같은 지구에서 제 몫의 생을 살고 있다면, 모든 인생은 같은 가치를 지닌다고 해도 억지가 아니다. 삶의 결과에 관계없이 서로에게 그 무게는 똑같기 때문이다. 오바마와 장동건과 나와 옆집 아저씨의 가치는 같다. 서로 자기의 인생을 살고 있으니까.

　영화《아버지의 이메일》(홍재희 감독, 2012)은 시시한 인생을 살다 간 아버지가 주인공인 다큐멘터리다. 주변에서 흔히 볼 수 있는 남자의 한평생, 별것 아닌 이야기가 영화의 전부다. 술에 찌들어 살았고 가족에게 폭력을 휘두르고 많은 상처를 주었다는 점에서는 욕을 먹을 만도 했다. 한국전쟁, 베트남전쟁, 중동 건설, 88올림픽, 부동산 투자 광풍…… 한 사람의 삶이 그렇게 많은 일들을 겪으면서 살아야 한다는 걸 영화는 보여 주었다. 시대의 바람에 밀려다니며 어떻게든 잘살아 보고자 했던 몸부림이 그 속에 있었다. 별것 아닌 삶도 그냥 살아지는 게 아니었다. 그럭저럭 살다가 떠날 수 있는 게 아니었다. 산다는 건 누구에게나 자신의 모든 걸 던져야 하는 극한의 전선이었다.

　영화는 컴맹이었던 아버지의 이메일에서 시작된다. 아버지는 세상을 떠나기 전, 둘째 딸에게 43통의 이메일을 보낸다. 영화감독이었던 딸은 아버지 장례식을 마친 뒤 메일을 열어 보

고 그 이야기로 영화를 만들었다. 아무도 묻지 않았다. 가족들
은 되돌아보고 싶어 하지 않았다. 그런 이야기를, 아버지는 왜
늦은 나이에 컴퓨터까지 배워 가며 메일로 보냈을까. 이야기를
하고 싶어서였을 것이다. 아무도 묻지 않고 아무도 궁금해하지
않지만 이야기를 하고 싶었으리라. 한 사람으로 태어나 긴 시
간을 살다가 이제 떠날 날이 얼마 남지 않았다는 게 짐작될 즈
음이었다. 자신의 이야기를 하고 싶었으리라. 아무것도 아닌
삶을 누가 들어 주지 않아도, 아무도 열어 보지 않는다 해도 그
는 메일을 보냈으리라. 그에겐 세상의 어느 위대한 인생과도
비할 수 없는 자신의 인생이었을 테니. 영화감독인 딸은 뒤늦
게 아버지의 이메일에 영화로 답장을 보낸다. 딸의 마음이, 감
독의 작품이 고마웠다. 아무것도 아니었던 아버지의 인생은 그
렇게 또 다른 의미를 부여받았다. 가족에게조차 외면당했지만
그 정도의 가치는 충분한 인생이었다.

들판에 흔하게 피어 있는 꽃을 보며 들꽃이라고 뭉뚱그려
불렀을 때 누군가 손을 내저었다. 세상에 들꽃은 없다, 이름을
모르니 들꽃이라고 부르는 것이다, 들꽃이라 부르지 마라, 꽃
들은 모두 자기의 이름이 있다. 그 말을 듣고 사람들은 들꽃에
게 미안해했다. 들판의 작은 꽃에도 길가의 이름 모를 꽃에도
의미를 부여해 주고 존중해 주었다.

그런 사람들이 자신의 삶을 볼 때는 달라진다. 내가 그렇지 뭐, 비참하고 초라해, 내가 뭘 할 수 있겠어. 길가의 들꽃도 존중하면서 스스로는 존중하지 않는다. 한편으로는 맞는 판단일 수도 있다. 할 수 있는 건 별로 없고 현재의 모습은 초라할 뿐이다. 미래에도 나아질 게 없어 보인다.

그러나 생각해 보자. 비슷한 모양의 들꽃에게는 따뜻한 시선을 보내고 온갖 사랑을 베풀면서 자신의 삶에는 왜 그렇게 차가워지는가. 왜 길가의 들꽃만도 못하게 전락시키는가. 우리는 들꽃의 이름을 불러 주지 못해 미안해하면서, 자신의 이름을 불러 주지 못한 것에는 미안해하지 않는다. 들꽃의 작고 보잘것없는 아름다움에 감탄하면서, 내가 피워 낸 작은 꽃에는 감탄하지 않는다. 들꽃이 거친 들판에 어렵게 뿌리내린 것에 감동하면서, 험한 세상에서 버티고 있는 자신에게는 감동하지 않는다.

대단할 것 없는 우리들은 인간 세상이라는 들판에 핀 들꽃이다. 이룬 것 없고 때로는 욕을 먹기도 하지만 한 사람의 삶이란 그렇게 간단하지 않다. 삶의 궤적을 땀으로 그려 가고 있다면 그것으로 모든 삶은 빛난다. 내 삶을 따뜻한 시선으로 보는 건 놓치지 말아야 할 삶의 기술이다. 감탄하고 사랑하고 아껴 줄 가치가 차고도 넘치는 게 우리네 삶이다.

V

나를 일으켜
세우는 철학

TA EIS HEAUTON
MARCUS AURELIUS

인생사용설명서를
만들 시간

"검토되지 않는 삶은 살 만한 가치가 없다."

— 소크라테스

후기 스토아 철학의 대표적 철학자였던 에픽테토스는 소크라
테스를 삶의 전범으로 꼽았다. 에픽테토스는 소크라테스의 한
마디를 평생 가슴에 품고 실천했다. "검토되지 않는 삶은 살 만
한 가치가 없다."

해석에 따라 '음미되지 않는 삶' '반성하지 않는 삶'이라고
옮겨지는 이 말은 《소크라테스의 변명》에 나온다. 기원전 399
년 청년들에게 나쁜 영향을 미쳤다는 죄목으로 고발된 소크라
테스는 자신을 위한 변론을 한다. 그의 변론은 최초의 변론, 유
죄 선고 후의 변론, 사형 선고 후의 변론으로 되어 있는데, 이
말은 유죄 선고를 받은 이후의 변론 속에 있다.

에픽테토스 철학의 모토는 이론이 아니라 실천이었다. 제

논이 그리스에서 창시한 이후 스토아 철학은 300년 가까운 시간 동안 흐름을 유지했다. 시대의 역사를 따라가며 로마로 이어졌고 로마에서도 큰 인기를 끌었다. 초기 때부터 실천적 관점에 치중했던 스토아 철학은 후기에 들어서며 실천적 경향이 더 깊어졌다. 로마에서 다시 부흥하며 실질적 실천철학으로 자리를 잡았다. 에픽테토스와 세네카 그리고 마르쿠스 아우렐리우스 모두 현실 속에서 적용 가능한 철학에 집중했다.

에픽테토스는 학생들에게 철학을 가르치며 수준 높고 품격 있는 단어를 사용하지 않았다. 일상생활 속에서 쓰이는 단어들로 자신이 알려 주고 싶은 철학을 전했다. 지극히 작은 생활 속의 이야기들을 사례로 들며 대화를 나눴다. 그런 대화 속에서 삶에 필요한 것들을 끌어내어 권했다. 그에게 철학은 책이나 지식 그리고 논리에서 나오는 것이 아니었다. 자신이 살아가고 있는 삶 속에서 만들어지는 것이었다. 삶을 녹여 만드는 에픽테토스의 철학은 일상 속에서 끊임없이 검토되고 성찰되었다. 그런 현실적 단련 과정을 거친 가르침은 아픔을 치유하고 불안을 덜어 주는 충분한 힘을 지닌다. "검토되지 않는 삶은 살 만한 가치가 없다"는 소크라테스의 말에 충실한 철학은 그렇게 만들어졌다.

친구나 친한 사람에게 돈을 빌려주거나 보증을 서 주었는가? 말하지 않아도 안다. 속이 얼마나 쓰린지. 빌려준 돈은 돌려받지 못했을 테고, 다시는 얼굴도 보지 않는 사이가 되었겠지. 보증만 섰을 뿐 십 원짜리 하나 써 보지 못한 돈을 몇 년씩 갚다 보면 속이 터져 폭발 직전까지 간다. 친구는 졸지에 원수로 바뀌어 버린다. 그때쯤 되면 세간에서 흔히 들을 수 있는 말이 아프게 가슴에 맺힌다. "친구와 돈거래를 하면 돈도 잃고 친구도 잃는다."

세상에는 좋은 말도 많고 명언도 많지만 떠다니는 말일 뿐이다. 그 말이 가슴에 내려와 앉으려면 그만한 대가를 치러야한다. 많든 적든 돈을 떼이고(이럴 때 액수가 적은 경우는 드물다), 동창회에 발길을 완전히 끊어 버리는 아픔 정도는 기본이다. 그제야 허공에서 떠돌던 명언은 자신의 것이 된다. 금과옥조가 되고 세상을 살아가는 철학이 된다. 철학은 그렇게 탄생한다. 경험과 아픔과 생활 속에서 탄탄한 누군가의 철학이 만들어진다. 문제의 답은 모두 현장에 있다고 하듯이 개인의 철학은 모두 현실 속에 있다.

내가 살아온 세월을 책으로 쓰면 장편소설 몇 편은 나온다고 열변을 토하는 사람들이 많다. 맞는 말이다. 어느 인생인들 아프고 힘들지 않았을까. 어느 삶인들 한숨과 눈물이 없었을까. 그렇게 힘겹게 긴 세월을 살아왔는데 책 한 권 되지 않는 인생이 어디 있으랴. 인류의 고전이 될 책이 옆집 아저씨, 앞집 아줌마의 삶에서 나온다. 먹고 사느라 오랜만에 얼굴을 마주한 친구도 연신 술을 들이키며 그동안 얼마나 힘들게 살아왔는지 침을 튀기며 말한다. 그 이야기만으로 책 한 권은 충분히 된다. 그런데 열변은 모두 거기서 끝난다. 그것뿐이다. 남는 건 숙취밖에 없다.

　　돈을 떼이고 나면 적어도 하나는 남는다. "친구와 돈거래를 하면 돈도 잃고 친구도 잃는다"는 말이 머리에 남는다. 아무리 세월이 흘러도 그 말이 살아남는 이유를 알게 된다. 다시는 그런 실수를 하지 않는다. 그런데 책 몇 권이 나올 정도로 힘들게 살아왔다는 삶에서는 남는 게 없다. 그저 고생한 이야기만 즐비하다. 그리고 끝이다. 그래서 뭐, 어쩌라고.

　　모두들 책 몇 권이 될 만한 이야기를 지니고 살아가지만 단지 이야기로만 끝난다. 거기서 자신의 철학을 만들어 내는 사람은 드물다. 철학은 어렵고 복잡하지 않다. 삶의 지침이 철학이다. 삶을 꾸려 가는 원칙이 곧 철학이다. 내 삶을 살아가는 원칙을 어디서 가져올 수 있을까. 다른 사람에게 얻을 수 없고 다른 곳에서 가져올 수도 없다. 살아가는 나의 현실 속에서 직접 만들어야 한다. 장편소설이 되기에 충분한 내 이야기 속에는 삶의 원칙이 될 것들이 모두 담겨 있다. 에픽테토스처럼 검토하고 성찰하고 음미하며 되짚어 보는 삶. 그 속에서 자신의 철학이 될 원칙이 나온다. 열변을 토해야 할 것은 지나간 이야기가 아니라 거기서 얻은 것들, 살아가는 원칙이 될 것들이다. 점점 나이를 먹어 가고 있다면 자신의 삶으로 써야 할 책은 장편소설이 아니라 삶의 매뉴얼이다.

고등학교 때 시험 때문에 여러 가지 명언을 외우다가 그런 생각을 했다. 별것도 아닌 이런 말 한마디 해 놓고 수천 년 후에까지 이름이 남는 호사를 누리다니. 그들이 안 했으면 지금 내가 해도 충분히 할 수 있는 말들인데. "너 자신을 알라"는 소크라테스의 말로 알려져 있지만 실제로는 그리스 델포이 신전에 새겨져 있던 말이라고 한다. 소크라테스는 "너 자신을 알라"는 말을 아테네 시민들에게 자주 했다. 스스로가 무지하다는 것을 알고 새로운 진리를 찾으라는 의미였다. 그 말은 소크라테스 철학의 출발점이었기에 자연스럽게 그의 것이 되었다.

남의 것이든 나의 것이든 나이가 들면 자신의 명언을 몇 개쯤 지니고 사는 게 필요하다. 단순히 그럴듯한 명언으로 그치는 게 아니라 삶의 기술이 되는 말들이 있어야 한다. 고단한 삶 속에서 끄집어내고 아픔으로 뜨겁게 담금질한 것들이라면 더 좋다. 그런 것이야말로 생활 속에서 만들어 낸 원칙이다. 멋지지 않아도 좋고 단순해도 좋고 거칠어도 좋다. 데카르트는 "나는 생각한다. 고로 존재한다"고 했지만 그건 생각이 너무 많은 그에게나 어울린다. 웃음이 없어서 조금이라도 더 웃으려고 노력하는 중이라면 "나는 웃는다. 고로 존재한다"는 자신만의 명언을 만드는 것도 좋다. 돈을 더 많이 모아야겠다면 "너 자신을 알라" 대신에 "네 자산을 알라"는 명언을 품고 더 부유한 생활을 꿈꿔 보는 것도 나쁘지 않다.

힘겨운 삶의 이야기를 늘어놓기만 하면 넋두리로 끝나고 만다. 한 발 더 나가 보자. 검토하고 성찰하면 넋두리는 철학으로 얼굴을 바꾼다. 술집에서 직장에서 가정에서 넋두리와 한탄은 넘쳐 난다. 나이가 들수록 필요한 건 넋두리가 아니라 철학이다. 더 이상 실수하지 않고 지금보다 덜 흔들리며 살아가는 철학이 있어야 한다. 흔들리는 삶을 꽉 잡아 줄 명언들을 길어 올릴 곳은 바로 나의 삶이다.

아픔을
막아내는 방패

"철학은 내면의 정신을 험담과 비난으로부터
자유롭게 지켜 주고, 모든 쾌락과 고통을 다스리며,
무분별하거나 위선적인 행동을 막아 준다."

— 마르쿠스 아우렐리우스

마르쿠스 아우렐리우스는 삶을 레슬링이라고 말한다. 춤보다는 레슬링에 가까운 것이 삶이니 언제 어떤 공격을 받든 방어할 수 있게 두 발로 버티고 준비를 하라고 이른다. 사는 게 파티에서 춤을 추듯 항상 즐거울 수는 없을 것이고, 언제나 금요일 오후처럼 느긋하고 기분 좋을 수도 없다. 목을 조르고 팔을 뒤틀고 온몸으로 밀어붙여 싸우는 것, 아우렐리우스가 정의한 삶은 그런 것이다.

싸움 같은 삶을 살아 내려면 황제인 아우렐리우스에게도 원칙이 필요했다. 스토아 철학자인 그에게는 원칙 자체가 철학이었으리라. 그는 원칙에 따라 행동하려면 검투사가 아니라 권투 선수가 되라고 말한다. 검투사는 싸울 때 칼이나 창 같은 무기와 방패가 필요하다. 상대방과 싸우는 도중에 칼이나 창을 떨어뜨리면 다시 주워야 한다. 무기를 다시 손에 넣지 못한다면 치명타를 입거나 목숨을 잃을 수도 있다. 무기와 검투사는 한 몸이 아니다. 따로따로 존재한다. 권투 선수는 검투사와 많이 다르다. 검투사는 칼을 떨어뜨릴 수 있고 떨어뜨린 칼은 다시 주워야 하지만 권투 선수의 주먹은 절대 떨어지는 일이 없다. 권투 선수와 주먹은 한 몸으로 붙어 있다. 주먹이 풀리면 힘껏 움켜쥐고 내지르면 된다. 그것으로 끝이다. 주먹은 곧 내 몸이고 상대방은 내 주먹을 치워 버릴 수 없다.

철학을 가지고 행동하려면 권투 선수의 주먹처럼 되어야 한다는 게 아우렐리우스의 말이다. 완전히 내 몸의 일부로 만들어 절대 떨어지지 않게 하고 세상과의 싸움이 있을 때는 즉시 꺼내 들 수 있어야 한다. 아우렐리우스는 외과 의사를 비유로 들기도 한다. 외과 의사는 항상 수술 도구를 들고 다니면서 필요할 때 응급처치를 한다. 그렇게 개인도 항상 자신의 철학이나 원칙을 들고 다니라고 한다. 세상살이에 필요할 때는 바로 응급처치를 해야 한다. 개인에게는 철학이 응급처치의 도구가 된다. 항상 들고 다니고 언제든 꺼내 들 수 있는 것, 세상과의 싸움에서 주먹이 되고 메스가 되는 것, 그것이 철학이다.

산다는 건 때때로 싸우는 것이다. 싸운다고는 하지만 말이

쉬워서 그렇지 싸우는 게 쉬울 리 없다. 맨몸뚱이에 시원치 않은 칼 한 자루를 들고 나에게 달려드는 것들을 과감하게 베어야 한다. 싸움에 익숙하지 않고 싸움의 기술이라고 할 만한 것도 없으며 거기에 몸까지 허약한 사람에게는 힘에 부치고 지치는 일이다. 어디선가 날아드는 다른 칼날에 언제 쓰러질지 모른다. 싸움터에서 그래도 믿을 만한 건 무기다. 시원치 않다고 해도 손에 들고 있는 칼 한 자루가 가장 든든한 무기가 된다. 칼날이 예리하면 한 번만 휘둘러도 순식간에 많은 것을 벤다. 어떤 것이라도 벨 수 있게 평소에 벼리어 놓았다면 싸움은 한결 수월해진다. 반대로 칼날이 무디면 패배와 아픔을 각오해야 한다.

세상살이에서 벌어지는 싸움에 사용하는 칼은 철학이어야 한다. 철학이 나의 칼이 되어야 한다. 언제 어떤 일이 닥쳐와도 자신의 철학이 있으면 싸움이 한결 쉽다. 그 철학은 순간순간 대응하는 원칙과도 같은 의미다. 철학이라는 칼을 지니고 있으면 싸움의 방법이 나오고 자신만의 방식으로 싸울 수 있다. 상사의 질책에는 듣는 시늉만 하기, 우울함이 몰려오면 몸을 움직여 풀어내기, 화가 솟구치면 길게 한숨 쉬기, 같잖은 인간은 무시하기……. 철학과도 같은 나의 원칙이 있으면 어떤 싸움이 벌어져도 덜 당황하게 되고 싸움에 밀려가지 않는다. 철학은 칼이 되고 곧 싸움의 기술이 된다.

이기고 지는 건 중요하지 않다. 싸움에서는 이길 때도 질 때도 있다. 중요한 건 그 순간이 왔을 때 자신만의 싸움의 기술이 있느냐는 것이다. 대부분은 순간순간마다 어찌해야 좋을지 몰라 당황하거나 상황에 밀려가 버리곤 한다. 그리고 때마다 그런 상황을 반복한다. 어떻게 싸울 것인가에 대한 철학이 있다면 흔들린다고 해도 사정없이 흔들리지는 않는다. 싸울 때 칼이 되는 철학은 싸움이 끝난 뒤에는 붕대가 되기도 한다. 이겨도 져도 상처는 남는 게 싸움이다. 상처는 붕대로 감싸 주어야 한다. 붕대의 역할을 하는 것 역시 철학이다. 세상과의 싸움에서 입은 상처가 쓰릴 때, 싸움에 져서 속절없이 무너져 버릴 것 같을 때 보듬고 다독이고 용기를 북돋워 주는 것 또한 철학이다. 치유해 주고 버팀목이 되어 준다. 다시 일어나 걷게 해 준다.

그 모든 게 가능하려면 자신만의 철학이 있어야 한다. 지극히 단순해도 좋다. 아니 단순할수록 좋다. 그래야 더 분명해진다. 먹고 사느라 바쁜 평범한 사람의 철학은 복잡할 수 없다. 복잡한 철학은 철학자에게 던져 주고 가장 단순한 철학을 지니면 된다. 그래야 싸움에 유용하고 시시때때로 칼을 벼리기 수월하다. 진정 내 것이라면, 싸울 때 칼이 되고 다쳤을 때 붕대가 될 수 있다면, 어떤 단순한 철학도 좋다. 내 삶을 일으켜 세울 수 있다면 단순하다고 문제가 될 건 없다.

철학을 어떻게 만들 것인가. 삶의 순간순간에서 재료를 얻어 만든다. 기분 나쁜 사람과는 최대한 말하지 않는 것, 비가 오는 날에는 쉽게 젖는 운동화를 신지 않는 것, 스트레스 받을 땐 무작정 여기저기 걷는 것, 햇살 좋은 날에는 작은 공원에서 햇볕을 쬐는 것, 피곤에 몸이 찌들어 갈 때는 초저녁부터 잠자는 것……. 삶에서 체험으로 만든 모든 것들은 철학이 되고 기술이 된다. 자신만의 철학이나 원칙이 없으면 평생 같은 지점에서 쓰러지고 무너지고 아파한다. 한 번으로 끝나지 않고 같은 경우가 계속 되풀이된다.

세상은 내 철학과 원칙을 실험하기에 좋은 훈련장이다. 바로 1분 뒤에 어떤 일이 생길지 절대 알 수가 없다. 아무런 대비를 할 수 없는 게 살아가는 순간순간이다. 그렇기에 내가 살아가는 세상은 싸움터이면서 훈련장이다. 삶을 시험하는 모든 상황들은 불특정하게 이곳저곳에서 툭툭 불거진다. 그때마다의 경험이 쌓여 철학이 되고 원칙이 된다. 훈련장 같은 세상 속에서 필요한 기술을 연마하고 그 기술을 싸움터 같은 세상살이에서 다시 써먹는다. 아무도 수업료를 받지 않는 철학 수업이 바로 우리가 살아가는 삶이다.

무시당했다고? 승진을 못했다고? 구설에 올랐다고? 남이 나를 욕한다고? 잘못도 없는데 욕먹었다고? 일을 제대로 못하고 있다고? 그렇다면 지금 필요한 건 철학이다. 철학을 하는 시기는 따로 정해져 있지 않다. 바로 지금이 철학을 할 때다. 고상하고 대단한 행위도 아니다. 흔들리지 않게 붙잡아야 할 때, 아픔으로부터 나를 지킬 필요가 있을 때, 화가 솟구치지만 화내지 말아야 할 때, 무언가를 변화시키고자 할 때, 아내가 쓴소리를 퍼부을 때, 돈을 떼였을 때…… 그 모든 순간이 바로 철학이 필요한 때다. 살아가는 순간순간이 철학이 필요한 때라는 말이다. 그래서 아우렐리우스는 지금 처한 상황보다 철학을 실천하기에 더 적합한 환경은 없다고 했다.

철학은 칼이다. 철학은 붕대다. 삶에서 길어 올린 철학과 원칙들은 세상과의 싸움에서 삶을 지키게 해 주고 아픔을 치유해 준다.

"현세에서 무엇이 우리를 인도할 수 있는가. 철학. 오로지 철학이다. 철학은 내면의 정신을 험담과 비난으로부터 자유롭게 지켜 주고, 모든 쾌락과 고통을 다스리며, 무분별하거나 위선적인 행동을 막아 주면서, 조금도 부족함이 없는 삶을 살게 해 준다."

아우렐리우스의 외침이 절절하다.

'나'라는
책

"훌륭한 사람이 어떠해야 하는지에 대해
이러쿵저러쿵하지 말고, 그런 사람이 되어라."

— 마르쿠스 아우렐리우스

나에게 마르쿠스 아우렐리우스는 수많은 로마 황제 중의 한 사람이었을 뿐이다. 학교에서 시험을 보기 위해 외웠던 이름의 하나였다. 또 하나는 《명상록》이라는 책을 쓴 저자였다는 것. 그게 내가 알고 있는 마르쿠스 아우렐리우스의 전부였다. 그냥 그것뿐이었다. 그가 쓴 《명상록》은 세계적인 고전이었지만 그것 역시 그뿐이었다. 고전이라고 모두 읽어야 하는 것은 아니고 꼭 읽어야 할 일도 없었다. 나보다 1,900년을 앞서 살았던 사람과 인연이라는 게 있지도 않겠지만 인연을 맺을 이유도 없었다.

　아무것도 아닌 사람이었지만 한번 읽어 볼까 하고 펼쳐 든 《명상록》의 구절들은 작정한 듯 가슴속으로 날아와 내려앉았다. 예전에 몇 쪽 넘겨 보고 밀어 놓았던 때와는 달랐다. 다시 만난《명상록》은 또 다시 읽고 싶은 책이 되었다. 인간의 삶을 꿰뚫는 문장들은 깊은 울림을 몰고 왔다. 누가 읽을 만한 책 없냐고 하면《명상록》을 권했다. 쓰라린 바람이 마음을 스치고 지나가면《명상록》을 꺼내 들었다. 무언가 허전하고 힘이 든다 싶을 때도 훑어보았다.

아우렐리우스는 특이한 황제였다. 세상 모든 것을 거머쥔 권력자였음에도 철학에 심취했다. 이론이 아니라 삶에서도 자신의 철학에 충실하려 했다. 모든 걸 가지고 있는 사람에게 뭐가 더 필요했을까. 손에 쥐는 풍요와 안락으로 사람의 삶은 완성되는 게 아니란 말인가. 넘쳐서 버려야 할 만큼 가지고 있는 사람이 철학을 도대체 어디에 쓴다는 말인가. 그의 책은 또 다른 걸 읽게 만들었다. 이번에는 책이 아닌 사람이었다.《명상록》을 쓴 저자인 아우렐리우스가 읽어야 할 대상이었다. 책이 아닌 그의 삶을 읽고 싶었다. 삶으로 표현된 그를 읽고 싶었다. 그 삶에는 내가 읽고 싶은 것들이 있을 것 같았다.

"노인 한 사람이 죽는 것은 도서관 하나가 불타 없어지는 것과 같다." 아프리카 작가 아마두 함파테 바Amadou Hampate Ba가 유네스코 연설에서 했다는 말은 많은 의미를 담고 있다. 오랜 시간 살아오면서 몸으로 삶을 겪어 낸 노인들에게는 젊은 사람들이 갖고 있지 못한 게 있다. 세상과 직접 부딪쳐 얻은 생생한 경험이 그것이다. 각자에게 부여된 삶을 살아가면서 사람은 수없이 많은 것들과 만난다. 피할 수 없는 인생의 산과 강을 마주한다. 노인들은 그것들을 이미 만났고 넘어섰다. 젊은 사람들은 앞으로 만나야 한다. 고비를 만날 때마다 돌아가고 피해서 갈 수 있다면 삶이 고통스러운 사람은 많지 않을 것이다. 부딪쳐야 하기에 힘들고 고통스럽다. 희로애락을 헤쳐 가면서 사람은 많은 것을 배운다. 고통을 헤쳐 나가는 힘이 되는 것들이다.

한 인간의 삶에는 길고도 긴 시간이 녹아 있고 그 시간 속에서 이루어진 역사가 담겨 있다. 온고지신溫故知新(옛것을 배워서 새로운 것을 깨닫는다는 뜻.《논어》'위정' 편에 나오는 공자의 말에서 유래했다.)이라는 말처럼 후대의 사람들은 먼저 길을 걸었던 사람들을 보면서 배운다. 그렇기에 한 인간의 삶은 지혜의 창고와 같다. 누군가 그 창고에 와서 보고 읽고 배운다. 사람은 곧 책이고 지혜가 쌓여 있는 노인은 도서관과 다를 바 없다.

도서관에 책만 빌리러 간다는 건 옛말이다. 요즘 도서관에는 서가에 사람도 준비되어 있다. 이름하여 '사람도서관'이다. 사람도서관에서는 종이책 대신 사람이 책이 된다. 다양한 분야에서 살아온 많은 사람들이 책이 되어 서가에 등록을 한다. 도서관을 이용하는 사람들은 그 많은 책, 사람책 중에서 읽고 싶은 책을 골라 대출을 신청한다. 원하는 사람을 대출하면 그 사람과 만남의 시간을 갖고 그 책, 즉 그 사람의 경험과 배움과 지혜를 나누어 받는다. 책 대신 사람을 읽는다. 사람이 사람을 읽는 것이다. 대단한 경력이 있는 사람도 책이 되고, 특별할 거라고는 전혀 없는 사람도 책이 된다. 살아온 길은 서로 다르고 누구의 인생이든 이야기가 있고 세월이 있고 독특한 내음이 있다. 그것을 읽는 것이다.

서울 교보문고 광화문점으로 들어가는 입구에는 이런 글귀가 새겨져 있다. "사람은 책을 만들고 책은 사람을 만든다." 절묘한 표현이다. 책이라는 제품을 만드는 것은 사람이다. 누군가 경험과 지혜와 지식과 자료와 생각을 모아서 글을 쓴다. 원고가 완성되면 또 누군가는 책이 모양새를 갖추도록 편집하고 디자인한다. 그렇게 완성된 책은 세상에 나와 또 다른 누군가와 만난다. 사람들은 읽는다는 행위를 통해서 책과 만난다. 자신이 경험하지 못한 것과 알고 있지 못한 것과 알아야 할 것들을 책에서 배운다. 지식을 배우기도 하고 정보를 얻기도 하고 현명하게 살아갈 방법을 구하기도 한다. 더 풍요로운 삶으로 갈 수 있는 길을 찾기도 한다. 그래서 신기하다. 책을 만들어 내는 건 사람이지만 그 책은 거꾸로 사람이 더 나은 삶을 살아갈 수 있게 만들어 준다. 사람은 책을 읽고, 책을 읽으면서 사람은 또 한 권의 책이 된다.

마르쿠스 아우렐리우스는 스토아 철학을 담은 《명상록》이라는 책으로 남았다. 그보다 1,900년 뒤의 요즘 사람들은 이 책을 읽으면서 동시에 아우렐리우스라는 사람을 읽는다. 책과 함께 그의 삶을 읽는다. 우리보다 먼저 살았던 사람들이 각각 한권의 책으로 도서관에 남아 있다고 하자. 악명 높은 황제였던 칼리굴라나 네로라는 책에서는 무엇을 읽을 수 있을까. 아우렐리우스에게서는 무엇을 읽을 수 있을까. 전혀 다르게 살았던 그들에게서 같은 것을 읽을 수는 없다. 삶이 다르니 읽을 수 있는 내용이 다르다.

아우렐리우스는 《명상록》 맨 앞쪽에 배움을 준 사람들에 대한 내용을 모아 놓았다. 그들에 대한 고마움의 표시이고 헌사였으리라. 황제 자리를 물려준 안토니누스 피우스와 당시의 풍속과 다르게 재혼하지 않고 자신을 기른 어머니에게 배운 것들을 상세히 적었다. 개인교사들에게는 어떤 것들을 배웠는지 기록했고 심지어 선대 황제의 첩에게서 느낀 것도 써 놓았다. 그 많은 사람들이 그에게는 책과 같은 역할을 했을 것이다. 지식과 삶을 배우고 깨우친 도서관이었으리라. 지금 살아가는 우리가 이대로 한 권의 책이 된다고 하자. 사람도서관에서 나를 서가에 꽂아 놓는다고 하자. 나를 빌려 가는 사람은 무엇을 읽고 무엇을 배울 수 있을까.

　읽을 만한 책이 되고 읽을거리가 많은 사람책이 되는 것은 빌려 보는 사람을 위해서가 아니다. 나만의 이야기와 나만의 목소리와 나만의 색깔을 만들어 가는 나의 삶을 위한 것이다. 그렇게 만들어진 삶이라는 책은 읽는 사람을 빠져들게 만든다. 어느 날 아이가 다가와 책을 읽으려 한다. 그 책은 아빠라는 호칭을 가지고 있는 사람책이다. 어느 날 후배가 다가와서 책을 펼친다. 그 책은 선배 또는 상사라고 불리는 사람책이다. 아이가 불현듯 나라는 '책'을 펼쳤을 때 한쪽으로 그냥 밀어 놓는 책이 되지 않기를 바란다. 후배가 다가와 나라는 '책'을 읽고자 했을 때 버려지는 책이 아니기를 원한다.

　시간이 흘러 아이가 크고 내가 없을 때, 나라는 책이 보기 좋은 유산이 되었으면 한다. 아이가 커 가면서 때때로 고갯길을 마주했을 때, 그때는 없을 나의 그림자에서 무언가 도움을 얻을 수 있었으면 한다. 흔하디흔한 전자제품 사용 설명서보다 도움이 되지 않는 책은 아니기를 바란다. 대단하지 않아도 무언가 읽을 게 있는 사람책이 되는 것, 그렇게 살아가는 것. 그것 또한 더 나은 나를 만드는 기술이다.

내 가치를
떨어뜨리는 건 나다

"한 인간의 가치는 그가 관심을 갖는
대상에 의해 결정된다는 것을 명심하라."

— 마르쿠스 아우렐리우스

41년에 세네카를 코르시카 섬으로 유배시킨 사람은 메살리나 였다. 메살리나는 로마 4대 황제인 클라우디우스의 아내다. 그녀는 세네카를 칼리굴라의 누이이며 황족인 율리아 리빌라와 간통했다는 죄목으로 쫓아냈다. 클라우디우스에게 반감을 가지고 있던 율리아의 힘을 약하게 하려고 메살리나가 꾸민 음모였다. 그녀는 어린 나이에 뜻하지 않게 황후 자리에 오르고 세상을 발밑에 두었다. 생각지도 않은 행운이 그녀에게 쏟아졌지만 그건 재앙이 됐다.

로마 황실에 이름을 걸쳤던 숱한 사람들 중에서 메살리나만큼 나쁜 평판을 얻은 사람은 보기 드물다. 그녀는 로마의 초대 황제인 아우구스투스의 혈족이었고 명문 귀족 출신이었다.

거기에 더해 황후까지 됐으니 품격과 고귀함의 대명사가 될 만했다. 그러나 그녀는 정반대로 천박, 방종, 방탕의 대명사가 됐다. 16세에 황후가 된 메살리나는 호화로운 재물을 마음껏 취할 수 있었다. 그럼에도 만족하지 못해서 부유한 사람에게 누명을 씌워 재산을 뺏었다. 재산을 빼앗긴 사람이 자살하는 경우도 있었지만 전혀 개의치 않았다.

물욕뿐만 아니라 성욕에서도 그녀의 행적은 찬란하기까지 하다. 난봉꾼에서 원로원 의원에 이르기까지 신분 계층과 지위의 높고 낮음을 가리지 않고 점찍은 남자들을 침실로 불러들였다. 그것으로 끝나지 않고 성욕을 채우려 매음굴로 찾아가 손님을 받았다고 한다. 황후의 신분으로 다른 남자와 또 결혼하는, 상상하기 어려운 일까지 저지른다. 결국 그녀는 23세에 남편인 황제의 명으로 죽음을 맞는다. 로마에서 가장 높고 가장 고귀한 신분이었던 그녀의 가치는 가장 낮은 곳으로 떨어졌다. 누구도 그런 요구를 하지 않았지만 스스로 삶을 추락시켰다. 자신의 손으로 자신의 가치를 땅바닥으로 떨어뜨린 사람이었다.

약속 시간보다 너무 일찍 도착하는 바람에 카페에 잠시 들어갔던 적이 있다. 아담한 카페는 아기자기하게 잘 꾸며져 있었고 의자는 편안했다. 틈이 날 때 읽으려고 들고 다니던 책을 펼쳤다. 음악 소리는 작고 책읽기에 알맞았다. 그러나 막상 책을 읽기는 쉽지가 않았다. 눈은 활자에서 자꾸 미끄러졌고 눈보다는 귀가 더 활짝 열렸다. 멀지 않은 곳에 앉아 있는 젊은 여자의 목소리가 귀를 파고들었다. 다시 한번 돌아보게 되는 미모의 그 여자는 모든 이야기가 들릴 정도의 목소리로 통화하고 있었다. 몸을 소파에 기대는가 싶더니 비스듬히 기울였다. 잠시 후에는 거의 눕다시피 하는 자세가 되었다. 자기 집 안방에 있는 자세와 비슷했다. 그 상태에서 통화하는 소리가 적나라하게 들려왔다. 일주일째 술 먹은 이야기들이었다. 어제는, 그제는, 또 그 전에는 누구와 만나 어떻게 술을 먹었는지에 대한 이야기가 쉬지 않고 귀에 쏟아졌다. 술집에서 있었던 일들, 그때 그 놈이 어땠다는 이야기, 간간이 섞이는 거친 어휘들. 눕다시피 했던 자세와 긴 시간 동안 이어진 통화 내용은 그녀가 어떤 사람이라는 걸 쉽게 판단할 수 있게 해 줬다. 시선을 끌던 미모는 짧은 순간에 가치를 잃었다. 그 귀한 것들이 빛을 잃었고 그녀는 순식간에 추락했다.

내 가치를 떨어뜨리는 건 누구일까. 남일까, 나일까. 남은 어느 누구도 내 가치를 떨어뜨리지 못한다. 누군가 욕을 하고 비난해도 그것으로 한 사람의 평판이 결정되지 않는다. 상사가 어떤 직원을 심하게 비난한다고 하자. 다른 사람들은 그 비난을 그대로 받아들이지 않는다. 공감하느냐 아니냐는 상사의 비난에 있지 않다. 비난받는 직원의 평소 언행과 행태에 달려 있다. 사실 상사의 비난 이전에 판단은 끝나 있다. 그 비난에 직원들이 속으로 공감한다면 그것은 비난을 받는 사람이 평소에 쌓아 놓은 결과물이다. 욕먹는 것에 대한 안쓰러움은 있겠지만 상황 자체에는 고개를 끄덕이게 된다. 반대로 평소에 비난받을 언행을 하지 않은 사람이라면 상사의 비난에 공감하는 사람은 많지 않게 된다. 오히려 필요 이상의 행태를 보이는 상사가 다른 직원들에게 욕먹는 상황으로 바뀐다.

내 가치를 떨어뜨리는 것은 결국 남이 아니라 나다. 어떻게 살아왔고 어떻게 보여 주었느냐가 나에 대한 가치를 결정한다. 때때로는 내 가치를 남들이 결정한다. 사회적 관계망에 얽혀 살아가는 사람으로서 남들이 나에 대해 무게를 달고 부여하는 평판에서 벗어나기는 쉽지 않다. 그렇게 내 가치는 남이 결정하지만 그 가치가 얼마나 될 것인가의 토대를 제공하는 것은 본인이다.

방탕한 황후 메살리나에 대한 평가는 인류사에 영원히 남았다. 수천 년이 지난 지금의 평가를 알게 된다면 메살리나는 어떤 기분일까. 결코 좋지 않을 것이다. 그래도 어쩔 수 없다. 그녀의 몸이 만들어 낸 것이기 때문이다. 지울 수도 없다. 역사는 불도장 같아서 지워지지 않는다. 거대한 역사와 아무 관계

없는 개인의 역사도 지워지지 않는 건 마찬가지다. 세상을 떠나는 순간까지 이어지고 몸과 인생에 찍힌 것들을 끌어안고 떠나야 한다. 메살리나가 자신에게 부여된 평판이나 가치를 바꾸려면 어떻게 해야 할까. 다시 그 시대로 돌아가야 한다. 다시 살아가면서 예전과 다른 몸짓을 보여 줘야 한다. 그것도 아주 오랜 시간을 보여 줘야 한다. 이전의 이미지를 지우는 데는 훨씬 많은 시간이 필요하다.

철학은 몸이다. 몸의 철학이 진짜 철학이다. 말은 얼마든지 지어낼 수 있다. 마음에 없어도 입으로는 어떤 말이든 만들어 낼 수 있다. 얼마든지 거짓이 가능한 게 말이다. 몸은 다르다. 몸은 마음을 벗어나 행동하기 힘들다. 생각과 삶이 배어 있어 숨길 수 없다. 잠깐씩 보여 주기 위한 몸짓은 가능하지만 그건 잠깐일 뿐이다. 평생을 위장된 몸짓으로 살아가기는 불가능하다. 자신도 모르게 몸에서 행동에서 모든 게 드러난다. 드러난다는 것은 그 자체가 삶이라는 것이고 삶은 결국 철학의 표출이다. 몸은 한 사람의 삶을, 살아가는 방식을 표현한다. 좋은 옷 입는다고 우아하고 품격 있는 사람이 되지 않는다. 멋진 말을 한다고 모두 시인은 아니다. 빛난다고 모두 금이 아닌 것과 같다.

비인간적인, 인간적인, 이기적인, 배려하는, 뼛속까지 정치적인, 진실한, 지저분한, 상큼한, 불성실한, 성실한, 무식한……
세상의 무수한 평은 남들이 하지만 평판을 만들어 내는 것은
자기 자신이다. 세상의 평판이 마음에 안 들어도 기분 나빠할
이유는 없다. 스스로 보여 준 것들이 그런 결과를 만들어 냈으
니 책임은 본인에게 있다. 나는 그런 사람이 아니라고 외칠 필
요도 없고 외친다고 해도 아무도 믿지 않는다. 외치지 말고 보
여 줘야 한다. 말이 아니라 몸으로 보여 줘야 한다. 아마 다른
모습을 보여 주고 싶어도 보여 주기 어려울 것이다. 오랜 시간
평판 내려진 모습으로 살아왔다는 것은 그것이 삶이고 철학이
기에 그렇다. 그 많은 시간을 뒤집고 다른 모습이 되는 것은 몸
에 찍힌 불도장을 지워내는 일처럼 어렵다.

　　새로운 나의 가치를 만들어 내려면 삶의 모습을 바꿔야
한다. 몸을 바꿔야 한다. 그것은 삶의 방식을 바꾸는 것과 같
다. 숨 쉬는 것조차 정치적인 사람이 진심이 담긴 척한들 그대
로 받아들이는 사람은 없다. 자신의 이익만 추구하던 사람이
조금은 손해 보며 살아야 한다는 말을 한다면 누가 믿을까. 세
상은 바보가 아니고 세상을 속이는 건 어려운 일이다. 나에게
부여된 가치를 바꾸려면 몸을 바꾸고 삶으로 보여 줘야 한다.
어떻게 살고 있는지 보여 주는 게 최선의 기술이다. 내 가치는
남이 떨어뜨리지 않는다. 내 가치를 떨어뜨리는 건 바로 나다.

부끄러워하는
마음

사람이 사람을 때리는 건 바른 일이 아니다. 죽이기까지 한다면 더 말할 것도 없다. 해서는 안 될 일을 한 사람을 지탄하고 벌하는 건 세상의 이치다. 세상에는 그렇게 이치가 있다. 이치는 규정처럼 정해진 게 아니다. 본성에 가깝다. 그런 본성, 그런 이치가 사람을 사람답게 살도록 하고 세상을 바르게 굴러가게 하는 원칙이다.

　　스토아 철학은 세상을 구성하고 순리대로 흘러가게 하는 원리가 있다고 보았다. 로고스logos가 그것이다. 로고스를 모든 것의 본성으로 여겼다. 이성, 이치, 세계를 이끌어 가는 섭리이기도 하다. 철학적으로는 세상의 보편적 법칙이며 그 보편적 법칙을 인식하는 인간의 이성이다. 로고스를 따라서 덕을 실천하며 살아가는 사람을 스토아 철학은 현자賢者라고 부른다. 로고스는 학문적으로 쉽게 설명해도 어렵다. 이해하고 해석하려면 한없이 복잡하고 머리만 아프다. 머리가 아파지면 생활철학이 아니다. 쉽고 간단해야 생활철학이고 삶의 기술이 된다. 로고스를 실생활적으로 간단하게 표현하자. 세상의 올바른 이치. 이렇게 하면 적절해 보인다. 내 멋대로 읽고 제멋대로 철학하기다. 철학을 제대로 공부한 사람이 그게 아니라고 할지 모르지만 어려운 이론은 잠시 밀어놓자.

세상에는 분명 올바른 이치가 있다. 이치가 있기에 자신의 행동에 부끄러워하고 아름다운 이야기들도 탄생한다. 그래도 세상이 살 만한 곳이라는 긍정은 이치대로 살아가려는 모습이 있어서 가능하다. 이치가 무너지고 짓밟힌 곳에 아름다움은 없다. 추한 인간만 난무한다. 긍정이 사라지고 부정이 판을 친다. 부끄러움은 보기 힘들어지고 이익을 둘러싼 싸움박질만 남는다. 올바른 이치에 따라 사는 것은 이성에 따르는 것이고 덕에 따라 사는 것이다. 도덕적으로 공정하게 살려고 노력하는 것이다. 이치대로 행하는 건 나이 들어 가는 사람의 지혜다.

"당연하지. 그게 세상 사는 이치야." 술자리에서 이런저런 이야기를 하는 중에 친구가 뜻밖의 말을 한다. '세상 이치'라는 친구의 말 이전에 했던 이야기는 이런 거였다. 부드럽고 약해 보이는 사람에게는 기어오르고, 험한 말을 내뱉으면서 괴롭히는 사람에게는 설설 기는 부류가 어디든 많더라. 그 말 뒤에는 그런 식으로 대응하는 사람들이 정말 싫다고 할 참이었다. 그런데 친구가 중간에 툭 던진 말이 '그게 세상 사는 이치'였다. 황당하다면 황당할 수도 있는 게, 그 말을 하고 있는 우리들이 약하고 유순한 편이라는 거였다. 세상 이치가 그렇다면 우리는 당하고 또 당하는 게 맞는 거였다. 당하는 경우가 더 많은 사람이 그게 이치라고 하니 당황스럽기도 하고 황당하기도 했다.

그런 일을 쉽게 경험할 수 있었던 건 군복무 시절이었다. 후임병들에게 부드럽고 편하게 대해 주면 고참병 대우를 소홀히 하는 게 바로 보였다. 욕을 퍼붓고 폭력을 사용하는 고참병에게는 왕이라도 모시듯 대우했다. 특수한 환경이라 그렇겠지 했지만 사회생활을 해 보니 그런 일은 비일비재했다. 사람이 이런 건가 싶었다.

약한 사람에게 강하게 대하고 강한 사람에게 약해지는 게 처세라면 이해는 된다. 대부분 그렇게 살아가니까. 강한 사람에게 강해지는 게 얼마나 어렵고 거의 불가능에 가깝다는 건 사회생활 몇 달이면 금방 알게 된다. 그러니 처세의 방법이 될 수는 있지만 그게 세상의 이치라고 할 수는 없다. 이치라는 건 세상이 굴러가는 정당한 흐름인데 약한 사람은 뭉개 버리고 강한 사람에게는 비굴해지는 게 정당한 흐름은 아니다. 처세 중에서도 비열한 기회주의에 지나지 않는다.

마흔을 불혹不惑이라 하고, 쉰을 지천명知天命이라 한다. 불혹은 잘못된 유혹에 혹하지 않는다는 의미다. 지천명은 하늘의 뜻을 안다는 말이다. 잘못된 유혹에 혹하지 않는 나이, 하늘의 뜻을 알아 가는 나이가 된다는 건, 어떤 게 옳고 그른지 충분히 알 수 있다는 것과 같다. 나이를 먹으면 설사 내 몸으로 행하지 못해도 이치에 맞지 않고 부끄러운 짓을 이치라고 하지는 말아야 한다. 내가 이치에 맞지 않는 짓을 했고 내가 부끄러운 짓을 한 것이지, 세상의 이치가 바뀐 건 아니다. 내 이익을 위해 독사를 유익한 동물이라고 하지 말아야 한다.

가능하면 조금이라도 이치에 맞게, 덜 부끄럽게 살아 보려는 노력 정도는 해야 한다. 먹고 사느라 이치를 거스르며 산다고 해도 먹고 사는 문제를 떠난 곳에서는 달라져야 한다. 약한 사람에게는 약하게, 강한 사람에게는 강하게 대하는 시늉이라도 해 볼 나이다. 음식점에서 종업원에게 시종일관 반말하는 사람들을 어렵지 않게 본다. 돈을 내면 그렇게 해도 된다는 인식은 천박한 우월감이다. 음식 값에 그런 권리는 포함되어 있지 않다. 돈이 많다고 돈 없는 사람을 막 대하는 건 부끄러운 짓일 뿐이다. 잘난 몇 푼으로 그야말로 돈지랄하는 꼴이다.

스토아 철학은 섭리와 이성을 강조한다. 섭리를 따라 살아야 한다는 건 세상의 이치 또는 이성대로 살자는 말과 같다. 선을 추구하고 악을 멀리하며 사는 것, 한마디로 말하면 짐승이 아니라 사람처럼 살자는 것이다. 사람으로서 부끄러운 짓은 하지 말자는 것이다. 이치에 따라서 사는 건 쉬운 일이다. 지극히 당연한 걸 뭘 철학이라고까지 부르나 싶다. 그러나 그렇게 살고 있는가 라는 질문을 받으면 선뜻 그렇다고 대답하기 어렵다. 사람처럼, 부끄럽지 않게 사는 건 어려운 일이다. 쉬워 보이지만 가장 쉬운 것들이 가장 행하기 어렵다.

선을 추구하고 악을 멀리하기. 해야 할 일은 하고 하지 말아야 할 일은 하지 않기. 너무 쉽고 너무 빤한데 너무 안 되는 게 이렇게 이치대로 사는 것이다. 사람들은 이성을 이겨 낸다. 어떤 게 이치에 맞고 안 맞는지 내린 판단까지 넘어서 버린다. 아예 이성을 삭제해 버리기도 한다. 그것도 자주, 그리고 간단히. 그렇게 하면 사는 게 편해진다. 사람이 응당 해야 할 일들을 무시해 버릴 수 있다. 뻔뻔해질 수 있다. 뻔뻔해지면 사람이 뻔히 해야 할 일을 간단하게 외면한다.

나이가 들면서 몸과 나이로 어른이 되는 건 쉬운 일이다. 가만히 있으면 몸은 저절로 크고 나이도 저절로 먹는다. 어른이 되는 건 쉽지만 어른으로 사는 건 쉽지 않다. 어른 노릇을 해야 어른이다. 어른답게 살려면 이치대로 살고 부끄러움을 알면 된다. 사람이 해야 할 일을 하고 하지 말아야 할 일은 안 하면 된다. 부끄러움을 모른다면 이미 이성은 팽개쳤다는 의미이고 어른으로 산다는 것도 어불성설이다.

얻어먹을 게 있고 힘 있는 사람은 접대하고, 얻을 게 없고 힘없는 사람은 박대한다면 부끄러운 짓이다. 상사에게는 무릎이라도 꿇을 것처럼 하면서 부하에게는 욕을 퍼붓고 닦달을 하는 것도 보기 좋지 않다. 버스에서 임신부를 외면하고 자리에서 버티는 건 마음 불편한 몸의 편안함이고, 몸이 피곤해도 자리를 양보하는 건 이치에 따르는 것이다. 내 가게에서 일하는 아르바이트 직원에게 정해진 보수를 주는 것도 그렇다. 횡단보도에 사람이 있는데 차를 끌고 위협하듯 지나가는 건 편리를 위해 추한 인간이 되는 것이다.

나이가 들면 세상이 굴러가는 순리에 맞게 살아 보려고 해야 한다. 부끄럽지 말아야 한다. 아니 덜 부끄럽기라도 해야 한다.

약자를 보면 동냥은 주지 못해도 쪽박을 깨는 짓은 하지 않는 게 세상의 보편적 법칙이고 도리다. 못된 강자를 만나면 저항은 못한다고 해도 무언가를 얻어먹자고 추앙하지는 말아야 한다. 나이가 든다는 건 그냥 나이의 숫자만 많아지는 게 아니어야 한다. 이치대로 살기, 뻔하게 살기, 부끄러워하면서 살기. 그런 모습에 가까워져야 한다. 어른이 된다는 건 그런 것이

다. 세상 이치를 아는 사람, 이치대로 살아 보려는 사람. 어른
이 된다는 건 쉽지만 어렵다.

아직은
실패한 게 아니다

"만일 그대가 갈 길을
현명하게 선택할 수 있고 그 선택에 적합하게 생각하고
행동할 수 있다면 언제라도 발전 가능성이 있다."

— 마르쿠스 아우렐리우스

스토아 철학을 창시한 제논은 아테네에서 여러 철학자에게서 배운 뒤에 자신만의 학파를 세운다. 말하자면 독립을 한 셈인데 강의를 하려니 곤란한 일이 생겼다. 돈이 없어서 강의할 곳을 마련할 수가 없었다. 결국 그가 택한 장소는 아고라agora(고대 그리스 도시국가에서 시민들의 일상생활이 이루어지던 공공의 광장)에 있는 '스토아 포이킬레stoa poikile'였다. 스토아는 건물의 주랑柱廊을 말하는 것으로, 스토아 포이킬레는 채색 주랑을 뜻한다. 스토아, 즉 주랑이 있는 곳에서 자신의 철학을 가르쳤기에 자연스럽게 스토아학파라는 이름도 생기게 되었다.

때는 도시국가 아테네가 붕괴되던 시대. 전혀 예상하지 못했던 새로운 시대를 살게 된 사람들은 불안에 시달려야 했다.

각각의 개인들은 살아갈 방향을 찾지 못해 정신적으로도 허둥거렸다. 그런 시기에 제논의 강의는 큰 인기를 끌었다. 사람들이 주랑으로 몰려들었고 주랑의 좁은 공간은 사람들로 가득 찼다. 제논에게는 아마 최고의 순간이 아니었을까 싶다. 아버지를 따라 장사하러 다니다가 철학에 빠졌고, 여러 가르침을 거쳐 자신의 이론을 세운 철학자. 그의 강의를 들으려고 사람들이 몰려왔으니 그가 원했던 성공이 바로 그런 모습이었으리라. 마케도니아 왕까지 청강을 했다고 할 정도로 제논의 강의는 인기였다.

제논은 주랑에서 사람들에게 자신의 생각을 이야기하고 철학을 논했다. 현실적 문제에 대한 이야기를 듣고자 하는 사람들, 철학을 좋아하는 사람들. 그들과 함께 철학을 공부하는 것은 더할 수 없는 그의 즐거움이었다. 주랑에서 강의를 하는 제논의 모습을 상상해 보자. 철학을 공부하면서 그가 원했던 것, 바로 그 모습이 자신의 눈앞에 펼쳐지고 있었다. 얼마나 큰 기쁨이었겠는가. 돈을 원하지도 않았고 높은 자리를 갈구하지도 않았던 그에게 성공은 그런 것이었다. 사람들에게 철학을 가르치고 서로의 생각을 나누는 그런 모습. 제논은 그렇게 남들과는 다른 자신의 성공을 일구어 냈다.

우리에게 전통적으로 굳게 뿌리내린 이념 중의 하나는 입신

양명立身揚名이다. 과거시험에 급제하고 높은 벼슬자리에 오르는 게 누구나 바라는 성공이었다. 요즘도 성공하려면 공부를 잘하는 게 가장 빠르다. 명문대 입학시험에 턱하니 붙으면 상대적으로 탄탄해 보이는 길이 열린다. 과거시험과 다르지 않은 사법고시, 행정고시까지 붙으면 사회적 지위를 얻을 수 있다. 성공 가도에 들어서는 것이다. 그것만 성공인가. 사회가 발전하면서 성공은 여러 가지 모습으로 변했다. 지위나 명예뿐만 아니라 돈도 그만한 대우를 받는다. 돈이 최고인 시대이니 공부를 못해도 돈을 많이 벌면 그것도 성공의 한 방법이 된다.

다행스럽게도 성공의 방식은 많이 달라지고 그 모습도 다양해졌다. 옛날처럼 사회적으로 유명해지고 명예를 얻는 것도 성공이고, 높은 지위를 얻는 것도 성공이고, 돈을 많이 버는 것도 성공이고, 나름대로 잘 먹고 잘 사는 것도 성공이다. 그만큼 성공할 가능성도 많아졌다. 그래서 사람들은 생각한다. 나도 그렇게 많은 것 중의 하나 정도는 이루겠지. 하지만 성공이란 게 어디 그리 만만한가. 대충 나이를 먹어 가면서 서서히 정신이 든다. 그 많은 것 중에서 단 한 가지도 이루는 게 어렵다는 걸 알게 된다. 그때쯤이면 자신이 성공한 건지 아닌지 색안경의 방해 없이 맨눈으로 볼 수 있다.

"매일 아침 거울을 보며 물었다. 만일 오늘이 내 인생의 마지막 날이라면, 지금 하려는 일을 할 것인가? 이에 대한 대답이 '아니오'이고 그런 날이 연달아 계속되면 변화의 시점이 찾아왔다는 걸 깨닫는다." 애플 사의 창업자 스티브 잡스Steve Jobs가 한 말이다.

글쎄, 잡스는 그랬는지 모르지만 매일 그렇게 스스로에게 질문을 하는 사람이 많을 것 같지는 않다. 잠에서 눈뜨면 지각하지 않으려 동동거리고 밥 한술 제대로 못 넘기고 나오는 게 일반적이지 않은가. 아침에 면도할 시간마저 빠듯한 마당에 진득하니 거울을 보고 그런 질문을 하는 건 꿈속에서도 힘든 일이다. 출근하는 버스에서 눈을 단단히 붙이고 '언제까지 이렇게 살아야 하나' 하는 질문 정도는 한다. 그게 어디서나 볼 수 있는 우리네 모습이다. 잡스를 성공으로 이끈 것은 자신을 다그친 아침의 그런 질문들이었을 게다. 그래서 그는 IT 기술혁신의 아이콘이 되었고 세계적 화제가 되었다.

누구나 한 번뿐인 인생에서 성공을 굳이 말해 보자면 무엇이라고 할 수 있을까. 사회적 지위, 높은 자리, 명예, 돈, 학식…… 흔히 말하는 것 중에 그 어느 것도 가지고 있지 못하면 성공에서 멀어진 걸까. 앞으로도 그런 것들을 손에 넣을 가능성이 없다면 성공의 언저리에조차 갈 수 없는 것일까. 나이를 먹고 짧지 않은 직장 생활을 한 사람이라면 자신이 도달할 수 있는 길의 끝을 어느 정도는 알고 있다. CEO는커녕 부서장도 목표가 아닌, 밥을 먹기 위해서 버티는 모습을 성공이라고 부르기는 어렵다. 그렇다고 인생에서 더 나은 무언가를 만들어 낼 것 같지도 않다. 그렇다면 도대체 무얼 어떻게 해야 할까?

블레이크 마이코스키Blake Mycoskie는 탐스 슈즈TOMS shoes의 창업자다. 탐스 슈즈는 '일대일 기부'가 경영의 기본 원칙이다. 신발을 한 켤레 팔 때마다 한 켤레를 가난한 아이들에게 기부한다. 마이코스키는 이렇게 말한다. "행복한 일을 하고, 남을 돕고, 돈을 버는 것이 성공이다." 그는 우리가 알고 있던 것과는 다른 성공을 이야기한다. 행복한 일을 하는 것과 남을 돕는 것. 그것은 회사를 세우고 망하고 또 하나의 회사를 세우면서 만든 그만의 성공 기준이다.

성공에 대한 자신만의 정의를 갖고 있는 사람은 많지 않다. 좋은 자리를 차지하고, 부자가 되고, 남들의 부러움을 받고, 사회적으로 유명해지고, 풍요롭게 사는, 그런 걸 성공이라고 생각한다. 그건 강요당한 성공이다. 나이가 제법 들도록 남들이 말하는 성공에 사로잡혀 왔다면 성공의 정의를 다시 내려야 한다. 자신만의 정의를 새롭게 만들어야 한다. 이제부터는 나만의 성공을 만드는 것이다. 기준은 내가 정한다. 내 마음대로다. 잡스의 성공이 있다면 그것과는 다른 나의 성공 또한 있을 것이다.

잡스처럼 매일 아침 스스로에게 질문해 보지 않았다는 이유로 잠시 부끄러웠던 적이 있었다. 그런데 생각해 보니 나는 잡스가 아니었다. 잡스처럼 능력 있고 그처럼 치열하고 독창적으로 살았다면 잡스처럼 됐겠지. 그런데 나는 그렇지 않은 걸 어떡하나.

나는 잡스 같은 성공보다 마이코스키 같은 성공을 원한다. 자신만의 생각과 자신만의 모습이 있는 성공을 원한다. 넘쳐나는 돈, 귀족 같은 풍요, 그런 성공은 그리 반갑지 않다. 제논처럼 자신의 생각을 이야기하고, 자신이 하고 싶은 철학을 공부하며 사람들과 함께하는 모습. 나에게는 그게 성공의 모습이다. 행복하게 일하고, 남에게 도움이 되고, 돈을 버는, 그런 성공을 원한다. 남의 생각이 아닌 나의 생각으로 만들어 가는 성공을 꿈꾼다.

나에게 성공은 좋은 글을 쓰는 것이다. 사람들과 공감을 나누는 글을 쓰며 살 수 있기를 원한다. 그 글로 밥을 먹고 살았으면 한다. 그리고 평온한 일상, 기쁜 하루, 자유로운 시간을 가질 수 있기를 바란다. 불가능에 가까울지라도 내가 생각하는 성공은 그런 모습이다. 편한 옷차림으로 마음을 열고 만나는 사람들. 숲이 좋은 곳에서 책과 글에 대해, 살아가는 기쁨과 슬픔에 대해 이야기 나누며 살고 싶다. 성공하지 못했다고 생각하는 어느 누구도 아직은 실패한 게 아니다. 지금도 살아가고

있으니 자기만의 방식으로 성공할 기회는 얼마든지 있다. 내
마음대로 성공하기, 그것이 성공의 기술이다.

마음이 흔들릴 땐
명상록을 쓰자

"나의 원칙은 건강하고 튼튼한가?
여기에 모든 것이 달려 있다."

— 마르쿠스 아우렐리우스

이른 아침 시작된 전투는 늦은 오후에 끝났다. 적은 물러갔고 이제는 쉬어야 한다. 더 이상 전선을 지키는 건 불가능했다. 태생적으로 강하지 못한 체력은 전쟁터를 전전하면서도 크게 나아지지 않았다. 어쩔 수 없는 일이다. 쉬지 않으면 내일 또 있을지 모를 전투를 치를 수 없다. 전투가 벌어졌던 곳에서 불어오는 바람은 숙영지까지 피 냄새를 몰고 왔다. 피 냄새가 몸 구석구석에 배어 있을 테지만 제대로 씻는 것은 어려운 일이다. 전쟁을 벌이는 숙영지에서 로마의 황궁과 같은 환경을 바랄 수는 없다. 몸을 뉘일 공간이 안락하고 편안하면 얼마나 좋으랴 싶지만 그것 역시 마찬가지다. 군대 막사는 아무리 신경을 써서 지어도 불편하기 마련이다. 전쟁의 피로를 막사에서 말끔히

씻어 내는 건 불가능하다.

피곤한 몸으로 간단히 기록할 준비를 한다. 떠오르는 생각을, 평소 생각하고 있던 것들을 내키는 대로 적는다. 누가 볼 것도 아니기에 일부러 걸어 낼 필요도 없고 정갈하게 문장을 다듬을 것도 없다. 그저 마음을 써 내려갈 뿐이다. 한 줄 한 줄이 모두 소중하다. 마음을 다듬는 문장이고, 살아갈 미래의 원칙이 될 것들이다. 적는 것을 마무리하면 몸을 눕혀 잠을 청한다. 내일은 또 다른 전투가 벌어질 것이다.

마르쿠스 아우렐리우스는 그렇게 《명상록》을 썼다. 전쟁을 마치고 돌아온 막사. 초라하고 불편한 그곳에서 고달픈 몸으로 《명상록》을 한 줄씩 적어 나갔다. 글이 아니라 마음을 적었다. 그는 왜 《명상록》을 썼을까. 전쟁터에서 전투 일지가 아닌 마음의 글을 쓰는 사람이 지구 역사상 얼마나 있었을까. 더구나 그는 세계를 지배하는 로마의 황제였다. 전쟁터에서 마음을 글로 꼬박꼬박 써서 남긴 황제는 아마 그가 처음이자 마지막이었을 것이다. 아우렐리우스가 마음의 글쓰기를 멈춘 것은 도나우 강 연안에서였다. 봄에 다가올 전투를 앞두고 그는 쓰러졌다. 그리고 다시 일어나지 못했다. 마음의 글쓰기도 멈췄다. 서기 180년 3월이었다.

아우렐리우스는 십 대 때부터 스토아 철학에 심취했다. 공부에 몰입했을 때는 고대 그리스 철학자들을 따라하느라 거친 천으로 만든 옷을 입었다. 그 차림으로 맨바닥에서 잠을 자기도 했다. 그만큼 철학을 좋아했다. 그러나 그는 황제가 될 몸이었다. 철학을 공부하는 사람으로 살 수 없는 운명이었다. 마음대로 할 수 있는 건 별로 없었다. 황제가 되기 전에는 선대 황제 안토니누스 피우스를 보좌하며 황제 수업을 하느라 자신을 위해 살지 못했다. 깊은 밤 몇 시간 동안만 온전히 그 자신을 위해서 쓸 수 있었다. 161년 황제 자리에 오르고 난 뒤에는 나라를 이끌어야 했고, 전쟁터를 돌아다녀야 했다. 어느 하나도 그가 살고 싶은 방식은 아니었다. 철학과 글쓰기를 좋아했지만 업으로 삼지 못했다. 오히려 정치의 중심에 서면서 온갖 권모술수와 정치적 힘겨루기에 시달려야 했다. 그보다 2대 앞선 황제인 하드리아누스는 어린 시절의 그에게 안니우스 베리시무스Annius Verissimus ('진리를 좋아하는 안니우스'라는 뜻)라는 별명을 지어 줬다. 그만큼 진실하고 순진한 성격이었던 아우렐리우스에게 정치는 맞지 않았다. 그러나 그가 걸어가야 할 길이었다. 약한 체력에 어려서부터 위장병이 있었던 그에게 전쟁터를 전전하는 것은 고통 그 자체였다. 그러나 그것 역시 피할 수 없었다.

자기가 원하는 대로 살지 못하는 것은 대로마 제국의 황제도 다르지 않았다. 그렇게 오십(일부에서는 마흔 중반일 때라고도 한다)이 넘은 어느 날, 아우렐리우스는 마음의 글을 쓰기 시작한다. 죽음이 눈앞에서 오가는 전투를 치른 밤, 병영 막사에서 그는 적어 나갔다. "그라누아 강의 콰디족 마을에서……", "카르눈툼에서……"라는 내용은 그의 글이 로마 제국의 최전방 기지에서 쓰였음을 보여 준다.

오십이 넘으면서 아우렐리우스는 자신의 삶을 찬찬히 짚어 보는 시간을 갖고 싶었던 걸까. 아니면 험한 정치, 목숨 건 전쟁, 약한 몸으로 전투를 치러야 했던 자신을 다독이고 위로하고 싶었던 걸까. 그것도 아니라면 앞으로 살아갈 자신의 삶을 이끌어 갈 원칙을 세우고 싶었던 걸까. 아마 그 모든 것이었으리라. 성찰, 위로, 원칙, 그 순간에 그에게 필요했던 모든 것들이 그로 하여금 마음의 글을 쓰게 이끌었으리라. 《명상록》의 원제는 'Ta eis heauton'이다. '자기 자신에게'라는 뜻이라고 한다. 10세기 말 동로마 제국의 백과사전 《수다 Suda》에서는 아우렐리우스의 글들을 '개인적인 생활 규범'이라고 설명하고 있다. 남을 위해 쓴 글이 아니라 자기 자신이 보려고 쓴 글이었다는 말이다. 책 형태가 아닌 규칙성 없는 글들의 모음이었다.

지금의 사람들은 불혹의 나이를 넘겨도 여전히 흔들린다. 하늘의 뜻을 안다는 오십이 되어도 하늘의 소리는 고사하고 인간의 소리조차 제대로 이해하지 못한다. 제법 세월을 살아온 것 같은데 흔들리고 휘둘린다. 상처를 받을 만큼 받은 것 같은

데 또 아프고, 더 이상 뭐가 두려울까 싶은데 삶에 대한 두려움은 가시지 않는다. 아우렐리우스 역시 그런 자신의 모습을 보았던 게 아닐까. 그래서 자기 자신에게 하고 싶은 말을 정리하고 싶었던 것은 아닐까. 피에 젖은 검을 씻고 한밤중 막사에 앉아 명상록을 쓰는 황제의 모습이 떠오른다. 마음을 써 내려가는 그의 모습이 보인다.

살아가다 보면 끌려가는 삶이 아니라 끌어가는 삶이 절실해지는 시간이 온다. 그 시기는 서른일 수도 있고 마흔일 수도 있으며 오십일 수도 있다. 어느 나이인가는 중요하지 않다. 시기가 문제가 아니라 그 방법을 알고 있느냐가 중요하다. 뜻밖에도 자신의 삶을 끌어가는 방법을 아는 사람은 드물다. 무얼 어떻게 해야 하는지 알지 못한다. 남이 하는 이야기만 듣고 살아왔지 내 목소리로 나의 삶을 이야기해 본 적은 드물기 때문이다.

전쟁터 같은 세상이 너무 힘들다고 소리치고 싶은 날, 불현듯 책상에 앉아 보자. 원하는 대로 살지 못하는 게 슬픈 날, 펜을 잡아 보자. 갈림길에서 어떤 길을 선택해야 할지 모르겠는 날, 마음의 글을 적어 보자. 남을 위한 게 아니라 자기 자신을 위한 글을 쓰는 것이다. 그 글들은 어떻게 살아가야 하는지 나에게 하는 말들이다. 목숨을 걸고 싸운 전투 뒤에, 황실에서 거짓과 배신에 마음을 베이고, 아우렐리우스가 써 내려간 것과 다르지 않다. 순간순간 써 놓은 글을 모으면 또 하나의 명상록이 된다. 그것은 나를 위한 나의 명상록이다. 저자는 나이고 독자도 나다. 온전히 나의 삶에 바치는 글이고, 내 삶을 끌어가는 방법이며 기술이다.

세계를 지배한 로마 황제 아우렐리우스에게도 산다는 건 쉬운 일이 아니었다. 세상의 모든 것을 가질 수 있고, 수만 명의 군대를 말 한마디로 움직일 수 있고, 재물을 원하는 대로 손에 넣을 수 있는 로마 황제도 자신을 위한 명상록이 필요했다. 모든 걸 가질 수 있어도 삶에 대한 자신의 철학이 없었을 때 그는 삶 자체가 없는 것처럼 느껴졌을지 모른다. 아우렐리우스는 황제이기 전에 자신의 삶을 살아가는 한 사람이었고, 한 가정의 남편이었고, 아이들의 아버지였다. 그런 점에서 지금의 시간을 살아가는 우리의 모습과 같다. 황제에게도 우리에게도 필요한 것은 무너지지 않고 삶을 끌어가는 기술이다. 나의 명상록을 쓰는 것은 현실에 발을 딛고 어떻게 살아야 하는지 자신에게 묻는 것이다. 그 물음에 자신의 목소리로 답하는 것이다. 나는 어떻게 살아갈 것인가.

참고문헌

《99%의 로마인은 어떻게 살았을까》, 로버트 냅 지음, 김민수 옮김, 이론과실천, 2012

《고대 로마인의 24시간》, 알베르토 안젤라 지음, 주효숙 옮김, 까치, 2012

《고대 로마인의 성과 사랑》, 알베르토 안젤라 지음, 김효정 옮김, 까치, 2014

《그리스 철학자 열전》, 디오게네스 라에르티오스 지음, 전양범 옮김, 동서문화 동판, 2008

《러셀 서양철학사》, 버트런드 러셀 지음, 서상복 옮김, 을유문화사, 2009

《로마 황제의 발견》, 이바르 리스너 지음, 김지영·안미라 옮김, 살림, 2007

《로마인 이야기 10》, 시오노 나나미 지음, 김석희 옮김, 한길사, 2002

《로마인 이야기 11》, 시오노 나나미 지음, 김석희 옮김, 한길사, 2003

《로마인 이야기 7》, 시오노 나나미 지음, 김석희 옮김, 한길사, 1998

《로마제국 쇠망사 1》, 에드워드 기번 지음, 윤수인·김희용 옮김, 민음사, 2008

《로마제국의 노예와 주인》, 브래들리 지음, 차전환 옮김, 신서원, 2001

《명상록》, 마르쿠스 아우렐리우스 지음, 장백일 옮김, 홍신문화사, 2008

《명상록》, 마르쿠스 아우렐리우스 지음, 천병희 옮김, 도서출판 숲, 2005

《명상록》, 마르쿠스 아우렐리우스 지음, 황문수 옮김, 올재클래식, 2013

《삶·죽음·운명》, 이정우 지음, 거름, 1999

《새로 읽는 아우렐리우스 명상록 황제의 철학》, 마르쿠스 아우렐리우스 지음, C. 스콧 힉스·데이비드 V. 힉스 영역, 노혜숙 옮김, 세종서적, 2004

《성찰하는 삶》, 제임스 밀러 지음, 박중서 옮김, 현암사, 2012

《세네카 인생론》, 루키우스 안나이우스 세네카 지음, 김천운 옮김, 동서문화동판, 2007

《세상에서 가장 흥미로운 철학 이야기-고중세 편》, 이동희 지음, 휴머니스트, 2010

《소크라테스의 변명 외》, 플라톤 지음, 권혁 옮김, 돋을새김, 2015

《에픽테토스의 자유와 행복에 이르는 삶의 기술》, 에픽테토스 지음, 아리아노스 엮음, 강분석 옮김, 사람과책, 2008

《열두 명의 카이사르》, 수에토니우스 지음, 로버트 그레이브스 영역, 조윤정 옮김, 다른세상, 2009

《왕보다 더 자유로운 삶》, 에픽테토스 지음, 김재홍 옮김, 서광사, 2013

《유쾌한 철학자들》, 프레데릭 파제스 지음, 최경란 옮김, 열대림, 2005

《인생이 왜 짧은가》, 루키우스 안나이우스 세네카 지음, 천병희 옮김, 도서출판 숲, 2005

《좋은 기업을 넘어…위대한 기업으로》, 짐 콜린스 지음, 이무열 옮김, 김영사, 2005

《직언》, 윌리엄 B. 어빈 지음, 박여진 옮김, 토네이도, 2012

《철인 황제 마르쿠스 아우렐리우스》, 프랭크 맥린 지음, 조윤정 옮김, 다른세상, 2011

《철학 VS 철학》, 강신주 지음, 그린비, 2010

《철학 이야기》, 윌 듀란트 지음, 임헌영 옮김, 동서문화동판, 2007

《철학을 권하다》, 줄스 에반스 지음, 서영조 옮김, 더퀘스트, 2012

《철학의 거장들 1-고대·중세 편》, 오트프리트 회폐 지음, 이강석·한석환·김태경·신창석 옮김, 한길사, 2001

《풍속으로 본 12인의 로마 황제 1·2》, 수에토니우스 지음, 박광순 옮김, 풀빛, 1998

《헬레니즘 철학사》, 말테 호센펠더 지음, 볼프강 뢰트 엮음, 조규홍 옮김, 한길사, 2011

《헬레니즘》, 윤진 지음, 살림, 2003

《화에 대하여》, 루키우스 안나이우스 세네카 지음, 김경숙 옮김, 사이, 2013

평정심을 유지하는 마음의 철학
아우렐리우스 명상록

나쁜 마음에 나를 내어주지 마라

초판 1쇄 발행 2024년 6월 28일

지은이   유인창

펴낸곳   (주)바다출판사
주소   서울시 마포구 성지1길 30 3층
전화   02-322-3675(편집) 02-322-3575(마케팅)
팩스   02-322-3858
이메일   badabooks@daum.net
홈페이지   www.badabooks.co.kr

ISBN   979-11-6689-253-0 03190